Dell' Arte Di Tingere In Filo, In Seta, In Cotone, In Lana, Ed In Pelle: Opera Ricavata Dai Plu Celebri Recenti Autori Inglesi E Francesi...

Angelo Natal Talier

DELL'
ARTE DI TINGERE
IN FILO, IN SETA, IN COTONE, IN LANA, ED IN PELLE.

OPERA

RICAVATA DAI PIÙ CELEBRI RECENTI AUTORI
INGLESI E FRANCESI

Compilata ed illustrata

A BENEFIZIO DEI TINTORI ITALIANI

DAL SIG. ARCIPRETE DOTTOR

Angelo Natal

TALIER

VENEZIA MDCCXCIII.
DALLA NUOVA STAMPERIA
Presso Antonio Fortunato Stella
Con Pubblica Approvazione e Privilegio.

AGLI AMATORI E COLTIVATORI

DELLE ARTI UTILI

LO STAMPATORE.

Il titolo premesso a quest' opera ne annunzia bastantemente l' importanza e l' utilità. Trattasi di ammaestrare i nostri tintori italiani in modo che i medesimi possano fra noi condurre alla loro perfezione quell' arte industriosa, la quale, abbellendo le materie con un colore non loro, ne aumenta il pregio, e che avendo fatto i più rapidi progressi presso le estere nazioni, ha cotanto anche in questa parte ingrandito il pubblico commercio, ed accresciuta la privata opulenza.

Le opere de' più insigni autori oltremontani, i quali su questo particolare avevan comunicato al Pubblico le preziose loro scoperte, o erano difficili a rinvenirsi, o rinvenirsi non potevano che a caro prezzo: ed è poi certo, ch' erano separate, e a notizia di pochi soltanto. Giacque in fatti per più di quarant' anni sconosciuta agl' Italiani l'opera del signor Hellot sulla tintura della lana; e ignota forse pur tuttora il sa-

A 4   reb-

rebbe, se il signor conte Erbisti di Verona non si fosse lodevolmente applicato a tradurla, e a pubblicarla colle stampe de' Meroni della stessa sua patria. Ma quest'opera non aveva in mira, che una parte solo dell'arte tintoria, vale a dire la tintura in lana, ed era a temersi che assai tardi potessero esser fra noi conosciuti molti altri pregevoli trattati oltremontani, i quali tutte abbracciano le altre ramificazioni di quest'arte nobilissima.

Affine dunque di ovviare ad un simile inconveniente, e di sollecitare fra noi la circolazione degli utili metodi, che dagli esteri scrittori sono stati o inventati o perfezionati su quest'oggetto, mi sono accinto a presentare alla mia Italia tutto ciò che di più sensato e di più giudizioso è uscito in diversi tempi dalla penna de' più rinomati e classici scrittori d'oltremare.

Abbiamo accennato che il celebre Hellot fu uno de' primi a somministrare i più importanti lumi sull'arte di tingere in lana. Macquer, anche più celebre per le vaste e moltiplici sue cognizioni, singolarmente nella chimica, ottenne il plauso di tutti gl'intelligenti per le belle cose che scrisse sulla tintura della seta. D' Ambourney, con una vera-

ra-

ramente patriotica speculazione, formò
il disegno di sostituire, per via d'esperimenti, le materie indigene e nostrali
alle droghe esotiche, le quali fino al suo
tempo erano state esclusivamente adoperate per la tintura. D'Apligny non mostrossi inferiore a quanti lo hanno preceduto, ed ha magistralmente scritto sulle varie tinture del filo del cotone, della
canepa, e del lino. Finalmente in Inghilterra fu scritto intorno alle manipolazioni per tinger le pelli ad uso de' levantini. Il libro ebbe tanto plauso da quegli
eccellenti conoscitori, che per ordine
delle reale Accademia di Londra venne
colà dato alla pubblica luce.

Il degno e rispettabile signor arciprete
dottor Talier, uomo caro alla società,
non men che noto vantaggiosamente alla repubblica delle lettere, si è preso
l'opportuno pensiero di raccogliere tutti
questi preziosi trattati, e di farne quando
un ragionato estratto, e quando una libera bensì, ma diligente ed accurata versione italiana; ed un altro non men
dotto soggetto, amico del surriferito sig.
Arciprete, vi ha aggiunte alcune annotazioni illustrative del testo, onde rendere
l'opera stessa più utile e più intelligibile a ciascuna classe di persone.

Ec-

Ecco dunque l'opera che presentemente viene co' miei torchi prodotta alla pubblica luce: opera in cui come sotto un solo punto di vista trovasi riunito e concentrato quanto separatamente sull' arte di tingere in filo, in seta, in cotone, in lana, ed in pelli venne scritto di più interessante da filosofi profondi e speculatori, i quali dalle ragionate teorie non vollero disgiunta la universale e sicura maestra delle cose, l' esperienza.

Giovami sperare, che gli amatori delle utili arti, e singolarmente gl' industri tintori italiani mi sapranno buon grado della mia impresa. Che se in ciò mi vedrò accordato il pubblico favore, non mancherò certamente nè di volontà nè di coraggio, per sempre più impiegare i miei torchi nella propagazione delle utili cognizioni e delle importanti verità.

TAVOLA
DEGLI ARTICOLI.

Set—

Del

Del

MA-

MANIPOLAZIONI

Per tingere le pelli in rosso e giallo come si costuma in Turchia, ec.

FINE.

NOI

NOI RIFORMATORI

DELLO STUDIO DI PADOVA

Avendo veduto per la Fede di Revisione ed approvazione del P. F. *Giovanni Mascheroni* Inquisitor Generale del Sant' Offizio di *Venezia* nel Libro intitolato *Dell' Arte di tingere in filo, in seta, in cotone, in lana, ed in pelle; Opera tratta dai più celebri recenti Autori inglesi e francesi, compilata ec. dal signor Arciprete Dottor Talier M. S.* non vi esser cosa alcuna contro la Santa Fede Cattolica, e parimente per Attestato del Segretario Nostro, niente contro Principi e buoni Costumi, concediamo Licenza ad *Antonio Stella* Stampater di *Venezia*, che possa essere stampato, osservando gli ordini in materia di Stampe, e presentando le solite Copie alle Pubbliche Librerie di Venezia e di Padova.

Dat. li 7 Marzo 1793.

(*Giacomo Nani Cav. Rif.*

(*Piero Zen Rif.*

(*Francesco Pesaro Cav. Proc. Rif.*

Registrata in Libro a Carte 239 al Num. 5

   Marcantonio Sanfermo Segretario.

Dat. 9 Aprile 1793 Venezia

Registrato in Libro Privilegi di Venezia dell' università de' Librai e Stampatori.

   Antonio Zatta P. A.

Della tintura del filo di cotone.

Il filo di cotone ha bisogno di essere purgato e ripulito, prima di tingerlo, da una midolla untuosa, la quale impedirebbe alla tinta di penetrar ne' suoi pori. A tal uopo alcuni adoperano dell' acque acide, o agre preparate al fuoco, in cui si gettan delle manate di crusca, le quali vi si lasciano per 24 ore, e più, finchè l'acqua siasi acidulata, essendo allora opportuna al richiesto ripulimento. Per altro tali acque acidule non purgano se non se imperfettamente il cotone, poichè non distaccano che la parte la più superficiale della midolla; e l'acqua di fiume semplice farebbe lo stesso effetto. Sono molto più a proposito i liscivj di cenere, perchè l'alcali, che confi... le ceneri, combinasi coll' untuosità di cui parlammo; per altro si dee preferire la soda (1), o bariglia, o anche le

A   ce-

---

(1) La soda è dessa pure, nell' uso volgare, una cenere di sostanze vegetabili, ma che crescono ne' luoghi salsi, come sarebbe il Roscano, le Chenopodi, ec. La soda ci viene del tutto formata dalla Sicilia, Spagna, ec. ed ognuno ne potrà ritrovare presso ai fabbricatori di vetri, giacchè è dessa che serve principalmente alla formazione del vetro. Questa soda, ossia questa cenere di tali sostanze, ben divisa che sia, si liscivia come le ceneri ordinarie per ottenerne il ranno.

ceneri *di* legno nuovo. Si ritraggono i sali lisciviosi nel modo stesso, con cui li ritraggono gl'inbiancatori di tele ; si adoperano i liscivj per tuffarvi il filo di cotone
racchiuso in un sacco di tela chiara, come
si suol fare per le sete, affinchè le matasse non si attortiglino. In tal liscivio si lascia bollire il filo di cotone per due ore ;
ed il segno per cui si rileva essere questo a
sufficienza purgato, si è, quando il sacco si
profonda da se nel liscivio. Essendo allora
penetrata l'acqua in tutti i suoi pori, pos-
siamo essere certi, che la roba è libera dalla materia che li ostruiva. Allora
si ritrae il sacco dalla caldaia, si separa-
no le matasse le une dall'altre, si risciacquano in acqua corrente per liberarle dalle sporcizie non più aderenti al cotone : si torcono, si risciacquano di bel
nuovo, finchè l'acqua rimanga pulita e chiara. Ciò fatto, si distende il filo sulle pertiche per asciugarnelo.

De' colori che si usano per tingere il filo di cotone.

Siccome il filo di cui si tratta, viene
destinato a fabbricar de' panni, il cui colore dee non solo reggere alle ingiurie
dell'aria, ma eziandìo al sapone, ovvero
alle lavature, quindi a' tintori è tolto l'ar-
bitrio della scelta delle materie da tingere.

Le materie coloranti non possono essere
che tre, vale a dire l'indaco, la robbia,

e il

e il guado, poichè non si conoscono fino
al presente che queste tre materie atte a
formare una sorte di bitume, o di resina
capace di reggere all' azione degli alcali
fissi (¹). I tre colori adunque principali sono l' azzurro, il rosso, e il giallo a cui
si può aggiungere il nero, ed i colori che
derivar possono dal miscuglio de' principali, o primitivi, presi a due a due ed a tre
a tre.

Dell' azzurro.

La tintura del cotone in azzurro è facile, posciachè si usa il tino a freddo, composto come siegue. Si scelgono ordinariamente botti votate di fresco di acquavite, o
vasi che abbian servito a contener olj, la
cui contenenza, o capacità sia di 500
pinte o bottiglie (²), a cui si leva uno de'
fondi (³). Se si abbia botte, o tino da olio,

A 2   con-

---

(1) Gli alcali fissi che adoperano i tintori, sono
contenuti nelle ceneri delle piante, come si è detto
nella nota precedente.

Alcali fisso vegetabile si dice quello che è contenuto nelle ceneri comuni.

Alcali fisso minerale si dice quello che è contenuto nelle ceneri delle piante marine. Lisciviando
l'una o l'altra di queste ceneri, l'alcali si discio-
glie nell'acqua, mentre il sedimento terroso della
cenere va deponendosi al fondo del vaso.

(2) La pinta è una misura che contiene libbre tre,
once una e mezza d'acqua pura, peso sottile veneto.

(3) Il peso della libbra di cui parla l'autore in
quest'opera, essendo libbra parigina è formata di
once 16, ed equivale ad una libbra, sett'once e
mezza, peso sottile veneto.

4

conviene purgarlo prima di servirsene, lo
che si fa ponendovi calcina viva, e stro-
picciandolo per ogni parte interna con isco-
pa, o granata, finchè la calce abbia assor-
bito tutto l'untume.

La quantità d'indaco consiste per l'ordinario in sei, sette, o otto ℔ (1); esso si
mette a cuocere in un liscivio composto
del doppio del suo peso di potassa, e di
quantità di calcina eguale al peso dell'indaco ridotto a chiaro. Prima però di far
cuocere insieme tali materie, si mette l'indaco a parte a parte in un mortaio di ferro, e si pesta ammollandolo con un poco
del detto liscivio, di maniera che l'indaco
non possa andarsene via in polvere, ma
dall'altra parte non tanto che s'impedisca
l'azione del pestrello. Di mano in mano
che ogni porzione di esso è bene schiacciata e ridotta in pappa, si ripone in caldaia di ferro da contenere a un di presso
20 bottiglie. Quando poi tutto sia pesto,
si riempie la caldaia di liscivio; si mette
al fuoco, e si fa bollire finchè tutto l'indaco sia ben penetrato dal liscivio; la qual
cosa succede quando sia salito alla superficie, e formi una sorte di crosta; e pro-
fondandosi un bastone nella caldaia, non

si

_____

(1) I tintori in vece di adoperare l'alcali fisso
tratto dalle ceneri comuni, adoperano sovente il liscivio del così detto *allume di feccia*. L'allume
di feccia sono le ceneri che risultano dopo di aver ab-
bruciato le fecce del tino, le graspe, gli acini, ec,
le quali ceneri sono abbondantissime d'alcali fisso.

si senta più materia, o posatura nel fondo. Tali segni daranno a conoscere che l'indaco è cotto a dovere; e se il bagno mancasse troppo di fluido, converrebbe aggiungere liscivio in sufficiente quantità per impedire che non si bruciasse l'indaco; e nell'atto del cuocerlo, massimamente al principio, conviene mescolar bene con un bastone per non lasciar ch'esso s'attacchi nel fondo.

Cuocendosi l'indaco, si fa spegnere un peso simile di calcina viva; vi si aggiungono all'incirca 20 bottiglie di acqua calda, e vi si fa sciogliere vetriolo verde in quantità doppia della calce. Quando il vetriolo sia sciolto a perfezione, si versa tal dissoluzione nel tino, che si deve aver riempiuto prima di acqua fino alla metà, e all'incirca; poi vi si versa sopra la soluzione d'indaco, avendo attenzione di risciacquar varie volte la caldaia con liscivio, che non abbia servito alla cottura, onde non rimanga nulla, e vi si aggiungerà allora il rimanente di questo liscivio. Quando tutto sia posto nel tino, si riempie totalmente di acqua fino a due o tre dita dell'orlo, si mescola due, o tre volte al giorno con l'uncino, finchè sia in istato di tingere, lo che avviene a capo di 48 ore, e sovente anche prima, secondo lo stato dell'aria più o men calda, che accelera o ritarda la fermentazione.

Alcuni aggiungono al tino guado, e robbia comune, che fan cuocere coll'indaco; ma tutto ciò non serve a nulla per migliorar

rar

rar la tintura. Il color verde del tino dipende dall'eguale distribuzione dell'indaco in tutte le parti del fluido. Vi è il costume, facendosi cuocere l'indaco, di porre alcune manate di crusca; il che per avventura potrà essere di vantaggio per correggere la cattiva qualità dell'acqua, e per ingrassar la tintura.

Volendosi tingere il cotone in tali tini, si distribuisce in matasse, che si pongono à traverso del tino. Si comincia da ammollarle con acqua tepida; si torcono leggermente, poi si passano ne'bastoni; si rivolgono frequentemente, finchè abbian pigliato il colore ugualmente; si lascian così, finchè abbiano pigliato il tuono di colore che si ricerca, se il tino è forte, altrimenti si ripassan dipoi in altro tino. Quando sieno interamente tinte, alcuni hanno il costume di torcerle sul tino stesso prima di lavarle nell'acqua corrente, e scuoterle e sparpagliarle perchè perdano il verde; ma sarà meglio lasciarle sgocciolar in parte sul tino, e far loro perdere il verde risciacquandole nell'acqua. Non vi ha scapito d'indaco a temere, lavando il cotone nel sortire dal tino; supposto che ciò non siegua in acqua corrente, a tal uopo si han de'mastelli pieni di acqua, in cui s'immerge il cotone tinto, dimenandolo diligentemente, finchè abbia perduto il verde: il colore che si distacca, cade al fondo dell'acqua, e l'acqua de'mastelli serve a riempiere il tino se si ha mestieri, od a far nuova tintura.

Tingonsi in tali tini matasse in azzurro

ro e bianco; la qual cosa si ottiene con facilità, valendosi di cordicella, o spago che stringa gagliardamente quella parte di matassa che dee rimaner bianca. In tal modo tuffandosi il cotone nel tino, la tintura non penetra quella parte occupata dallo spago, e rimane bianco; si taglian le cordicelle, e serve tal filo pei disegni a fiamma.

Quando il tino non dia colore, o sia veramente consumato, il che si può sapere per esperienza, e per calcolo di quanto deve dare una ℔ d'indaco secondo le tinte che si vogliono dare, sì ravviverà il tino con nuova materia. Essa consisterà nell'aggiungere vetriolo, o calcina secondo il bisogno che ne può avere, lo che si conosce a vista, e per abitudine. In fatti se il tino tira al nero, ha mestieri di vetriolo: se tira al giallo, ha bisogno di calcina. Non si può in genere se non che dar questi indizj sul governo di tali tini, i quali rendono più o meno secondo la bontà dell' indaco, ma sovente ancora secondo la maniera usata dal tintore, essendo l'esperienza in ciò la miglior maestra che si possa avere. Questi tini sono i soli che si conoscano fino al presente per tingere i velluti di cotone, come anche le tele, essendo quelli di guado troppo fiacchi a tal uopo. Dicasi lo stesso del tino d'indaco colla calcina, di cui si servono i tintori da seta, e del tino con orina, e di ogni altra sorte di tino composto coll'indaco. Quando si voglian tingere tele in azzurro, si

met-

mette nel tino, di cui parlammo, una rete cerchiata di ferro o di legno, a cui si appende una pietra o qualche altro peso, onde si possa tenere la rete sospesa nel bagno a quell'altezza che si vuole senza che si risalga alla superficie. Inoltre si attaccano cordicelle in tre o quattro siti della circonferenza, e si fermano sugli orli del tino, di maniera che la rete si ritrovi immersa fino a due terzi della profondità del tino. In tal modo si possono tuffar le tele senza timor d'intorbidare il tino, rimescolando la posatura che sta nel fondo, e che guasterebbe la tintura. S'immergono dunque nel bagno con siffatta precauzione, si maneggiano spesso tenendole per le estremità onde abbiano a pigliare con eguaglianza la tintura, e così si va facendo sino a tanto che si sieno condotte al tuono di colore che si brama, cambiando varj tini secondo la forza del colore richiesto. Finalmente si levano piegandole per le estremità, e lasciansi sgocciolare sopra un cavicchio posto a tal effetto sopra il tino. Convien badare per altro di non lasciarvele per molto tempo, per la ragione che non perderebbero il verde egualmente, lo che darebbe una tintura a onde, e vergata; si levano dunque per ventilarle sul pavimento della tintoria, e si finisce di far loro perdere il verde ne' mastelli, come ho già detto, o nell' acqua corrente.

Del-

Il cotone che si vuol tinger rosso, domanda tre sorte di apparecchi: primieramente di essere purgato, di ricevere la galla, e l'allume. Del purgarlo già si è detto.

Per dargli la galla, puossi dargliene di qualunque sorta, e in caso di bisogno vi potrebbe supplire la vallonea; ma converrebbe adoperarne in maggior quantità, e non riuscirebbe tanto bene. La galla nera di Aleppo si tiene per la migliore, e questa si presceglie, perchè ne occorre meno della bianca; ma quella di Aleppo va soggetta all'inconveniente di render cupo il colore, che per altro puossi ravvivare; ma siccome la bianca non fa così, i più de' tintori la preferiscono.

Fa mestieri di circa cinque bottiglie di fluido per ben immollare una ℔ di cotone, e quindi per 20 ℔ si fan cuocere cinque ℔ di galla pesta in 120 pinte di acqua all'incirca, vale a dire si fan bollire per 2 ore; e si conoscerà che la galla è cotta a dovere, se premendosi tra le dita, si schiaccerà facilmente.

Si riduce a chiaro il bagno di galla, e si versa in un tino, o mastello grande. Ridotto freddo, o tepido, vi s'immerge il cotone, che prima si sarà partito in matasse da 8 once l'una, e ogni matassa sarà legata con ispago, affinchè non s'imbarazzi il filo. Supponghiamo che le matasse sieno quaranta, e cento le bottiglie di decocozione di galla (stante la svaporazione seguita nella bollitura): si levano dal mastello a un di presso cinque bottiglie, che si ripongono in un altro vaso: in questo vi si tuffano e vi si maneggiano con diligenza due matasse a un tratto, finchè sieno bene inzuppate. Ciò fatto, si levano per riporle in altro mastello voto, e vi si versa il rimanente del bagno di galla: si levano altre cinque bottiglie, dove s'immergono due altre matasse, e così via via finchè tutto il cotone sia intriso di galla. Vuolsi aver cura di dimenare il bagno di galla, contenuto nel mastello ogni volta che se ne piglian le cinque bottiglie, onde il cotone venga inzuppato ugualmente di galla; il che non avverrebbe se tutta la posatura se ne stesse al fondo. Finita tale operazione, si rovescia il rimanente del bagno, se ve ne ha, sul cotone gallato e assettato nel mastello, e si lascia così per 24 ore, e dopo si ritrae matassa per matassa per torcerle e farlo asciugare.

L'alluminatura dee farsi in ragione di 4 once di allume romano (¹) per ogni ℔ del nostro cotone. Dopo aver pestato la quantità di allume che si ha da adoperare, si fonde in una caldaia al fuoco con sufficiente quantità di acqua, che non si lascia bollire, altrimenti verrebbe a perdere di sua forza. Tal bagno si versa in un mastello, in cui siasi posta una quantità di

acqua

---

(1) Anche l'allume d'Inghilterra, Svezia, nostrale, ec. servono perfettamente a quest'uso.

acqua fredda proporzionata al volume del cotone, di maniera che la totalità del bagno sia come per la galla di cento bottiglie per venti ℔ di cotone. Vi è l'uso di aggiungere a tal bagno una soluzione di arsenico e di tartaro bianco (¹), che si compone a parte, e una porzione di liscivio di soda, o bariglia, o *cenere di Spagna*. La prima soluzione di arsenico si fa in ragione di una dramma di esso, e due dramme di tartaro in due o tre boccali (²) di acqua: allorchè l'acqua messa in una caldaia sia bollente, vi si getta l'arsenico e il tartaro ben pesto, e si seguita a farlo bollire, finchè il bagno sia ridotto alla metà circa. Raffreddato che sia il bagno, si passa, si ripone in bottiglie, o vasi ben turati, per tenerlo quanto si crede a proposito.

Il liscivio di soda, o cenere di Spagna si fa in ragione di mezza ℔ per pinta, o bottiglia di acqua; e si conosce che il liscivio ha ~~bastante vigore~~, se ponendovisi un uovo, non comparisce che la sola punta sulla superficie del liscivio. Si aggiungono adunque al bagno di allume (per la quantità supposta di cotone) 20 bottiglie di soluzione ec. e 3 bottiglie di liscivio, badan-

---

(1) Per tartaro bianco s'intende il sale che depone il vino bianco attorno le botti. Il miglior tartaro ci viene da Bologna. Si chiama *tartaro di Bologna, o Gripola bianca di Bologna*.

(2) Il boccale è una misura che contiene libbre tre, once tre circa d'acqua, peso sottile veneto.

dando però che la totalità dell'acqua adoperata nel miscuglio dell'allume e delle
altre materie si ritrovi sempre in ragione
di cinque bottiglie di fluido per ogni ℔
di cotone. S'immergono in tal mordente a
libbra per ℔, le 20 ℔ di cotone, nello stesso modo e colle misure prescritte per la
galla, e vi si lascia il cotone per 24 ore;
poi si torce senza troppo stringerlo, e si
lascia asciugare a poco a poco.

Alcuni non adoperano coll'allume la soluzione di tartaro, nè di arsenico, che a
ragione stimano nociva alla bellezza della
tintura, poichè codeste materie ingialli-
scono i colori rossi, essendo oltre a ciò
la robbia già di per se inclinata a tal
colore, ed avendo piuttosto bisogno di essere ravvivata, o *arrossata*, al che giova in parte il liscivio di soda che si aggiunge all'alluminatura. Molti adunque in-
dotti dalle ragioni che abbiamo esposte,
adoperano sei bottiglie di liscivio in luogo di tre, e le sei pinte possono avere i sali di tre ℔ di soda all'incirca; lo che, sup-
ponendo ch'essa soda racchiuda il quarto
del suo peso di sale, sarebbe in ragione
di mezz'oncia per ogni quattr'once di allume.

Altri aggiungono, in vece della soluzion
di tartaro e di arsenico, una di sal di piombo (1), o di sale di stagno che preparano
a parte. Vuolsi avvertire che fonden-
dosi

---

(1) Questo sale in commercio si chiama *sal di
Saturno*.

dosi sal di piombo nell' acqua comune; l' acqua diviene torbida e bianchiccia, stante che l' acqua sola non può sciogliere il detto sale, anzi vi si comincia in qualche modo la separazione della calce di piombo ; ma se si mescolerà una sufficiente quantità di aceto stillato, la calce sparirà interamente, e ne sarà completa la soluzione. Ecco dunque la cautela che si deve avere, onde il sale alterante possa avere il suo effetto nel mordente.

Ritirato che siasi il cotone dal mordente, si torce leggermente nel cavicchio, e si fa asciugare, badando che quanto più lentamente asciugasi, e quanto più lungo tempo si serba prima di dargli il colore, tanto meglio riesce, e più leggiadro. Per l' ordinario non si tingono che 20 ℔ di cotone in una volta, e torna meglio non tingerne che 10, conciosiachè avendo troppa quantità di matasse da porre nella caldaia, riesce più difficile di tingerle egualmente, poichè le prime poste nel bagno hanno il tempo di pigliar molto più colore delle ultime ; e siccome non si possono girar le prime se non dopo essersi poste le ultime, è fisicamente impossibile, che la tintura si distribuisca egualmente.

La caldaia dove si tingono le 10 ℔ di cotone, dee contenere a un di presso 240 bottiglie di acqua in ragione di 20 pinte per ogni ℔ di cotone: essa deve essere a forma di parallelogrammo, e avere due piedi circa di profondità. Gioverà che sia più aperta in alto che nel fondo, ma senza che

la

la differenza sia troppo notabile, posciachè in tal caso le matasse le quali posasse-
ro su' lati inclinati, potrebbero soggiacere a ineguaglianze ed a macchie.

Volendosi tingere 10 ℔ di cotone, si metteranno nella caldaia le 240 bottiglie di acqua,
e si riscalderanno, quando il bagno sia tepido a segno da non potervi resister la mano che a stento, vi si porranno 6 ℔, e
un quarto di buona robbia di Olanda (¹),
che si separerà ben bene, e si distribuirà
nel bagno. Quando sia ben mescolata,
vi si immerge il cotone a matassa per matassa, passata prima ne' bastoni che riposa-
no sugli orli della caldaia. Immerso tutto
il cotone nel bagno, si maneggiano e si rigi-
rano successivamente tutte le matasse passate pei bastoni dall' alto al basso, cominciando dalle prime introdotte fino alle ultime, e ritornando poi alle prime, segui-
tando così continuamente per $\frac{1}{4}$ di ora, e tenendo sempre il bagno allo stesso grado di
calore senza bollimento. Passati i $\frac{1}{4}$ di
ora, si solleva e si ritira il cotone sugli
orli della caldaia, si versa nel bagno un
boccale all' incirca di liscivio di soda di cui
abbiamo parlato di sopra, si passano i bastoni nelle cordicelle che servono a legar
ognuna delle matasse, e per tal modo si rimette il cotone nella caldaia, e si fa bol-
li-

---

(1) La robbia d'Olanda che ci viene del tutto
macinata da colà, si chiama in commercio e da' tintori *Roza d'Olanda*. Havvene di prima, seconda,
terza, quarta sorte, ec.

lire dodici a 15 minuti, nel qual tempo si avrà mente a tenervelo diligentemente tuffato, o immerso. Alla fine si ritrae di là, si lascia sgocciolare, si torce, si lava in acqua corrente, e poi di bel nuovo si torce al cavicchio.

Due giorni dopo si rimette di bel nuovo in un secondo bagno di robbia in ragione di 8 once di robbia per ogni ℔, vale a dire non si mettono che 5 ℔ di robbia nel bagno. Vi si maneggia il cotone nel modo stesso che si fece nell'altro con la differenza, che in questo non vi si mette altro liscivio, e si usa acqua di pozzo. Ciò fatto, e il cotone raffreddato, lavasi, si torce, e si fa asciugare.

Per ravvivar il colore, si mette in una caldaia, o in un mastello, una sufficiente quantità di acqua tepida da ammollare il cotone, vi si versa all'incirca un boccale di liscivio, vi si tuffa il cotone a libbra per libbra, vi si lascia un solo istante, si leva via, si torce, e si fa asciugare.

Ho descritta minutamente l'operazione come viene fatta a Roano; ma gioverà avvertire che il metodo di tingere in due bagni non è utile, conciosiachè oltre il maggior tempo e la maggior quantità di legne che addomanda, il secondo bagno non può dar molta tintura, stantechè i sali del mordente sonosi consumati nella bollitura del primo bagno, e quindi il cotone spoglio de' sali non può attrarre a se la tintura. Mi piacerebbe adunque un altro metodo seguito già con buon

esi-

esito da molti tintori, e consiste nel dare al cotone due alluminature tingendolo in un solo bagno: con tal operazione attrae molto meglio il colore, poichè s'inzuppa di tutta la robbia. E per quanto spetta all'avvivar il colore, l'operazione è inutile, poichè essendo il coton rosso destinato a formar delle tele, a cui quando sieno tessute si deve levar l'apparecchio, il colore si ravviva nel tempo stesso che le tele si spogliano dell'apparecchio, vale a dire immergendole nell'acqua calda mista con un po' di lisciva. Ritirate che sieno da tal acqua, si lavano nell'acqua corrente, si distendono sul prato, dove il rosso si ravviva molto meglio che con qualunque altra operazione.

Rosso d'Andrinopoli.

I colori rossi di cui abbiamo favellato, sono chiamati volgarmente rossi di robbia, sebbene anche quello cui siamo per descrivere, si tragga parimente da una specie di robbia che ci viene dal Levante. Ma siccome a questa levantina si dà comunemente il nome di *Lizarj*, e la tintura che dà è di gran lunga più vaga di quella che dar possa la miglior robbia di Zelanda, è invalso il costume di chiamar le prime rossi di robbia, e il secondo rosso d'Andrinopoli. Ecco il modo che si tiene pel rosso di Levante.

Se si hanno a tingere 100 ℔ di cotone, si mettono in un tino 150 ℔ di soda di Alicancante o Spagna racchiuse in una tela assai chiara. Il nostro tino deve avere un foro nella parte inferiore, onde possa l'acqua scorrere in un altro tino o mastello che vi si sottopone. Le 150 ℔ di soda essendo riposte nel tino superiore, debbono esser ricoperte con 300 bottiglie di acqua di fiume, che vi si gettano con secchie contenenti da 25 bottiglie. L'acqua passata dal tino superiore all'inferiore si rovescia di nuovo sulla soda in varie volte finochè abbia pigliato tutto il sale. Si fa la prova di tal liscivio coll'olio : se il liscivio s'imbianchisce continuamente, e se l'olio si mescola bene con esso senza che comparisca separato nella di lui superficie, è segno che il liscivio è ben carico di sale. Potrebbesi anche farne la prova con l'uovo, come già avanti accennai. Si rimettono di nuovo sulla soda altre 300 bottiglie di acqua per trarne tutto il sale.

Si fanno poi due altri somiglianti liscivj, ognuno colla stessa quantità di acqua, cioè con 300 bottiglie, l'uno cioè con 150 ℔ di ceneri di legno nuovo, e l'altro con 75 ℔ di calcina viva. Quando sieno ridotte chiare le acque de' tre indicati liscivj, si pongono in un tino o mastello le 100 ℔ di cotone, e s'ammollano coi tre liscivj in dosi eguali. Essendo il cotone bene inzuppato di que' sali, si mette in una caldaia piena di acqua senza spremergli il liscivio, e si fa bollire per tre ore, e dopo si lava in acqua corrente. Fatta questa operazione, si fa asciugare.

B   S'in-

S' infondono poi in un tino parti uguali delli sopraddetti liscivj, in modo che la somma venga a formare 400 bottiglie. Si stemperan bene con parte di tal liscivio 25 ℔ di sterco di pecora, e del liquore de' suoi budelli, o intestini col mezzo di una mazza di legno, e si passa il tutto per un setaccio di crine. Fatto che sia tal miscuglio, vi si versano 12 ℔ e mezza di buon olio d' oliva, che verrà a formar ben tosto un liquor saponaceo. Si passa il cotone a matassa per matassa, rimescolando ogni volta il fondo, e colle medesime diligenze raccomandate di sopra per dar la galla a cotoni destinati al rosso detto di robbia. Si lascia poi il cotone per 12 ore nell' acqua saponacea, dopo le quali si leva, si torce leggermente, e si fa asciugare: si ripete tal operazione per ben tre volte. Il liquore che cola dal cotone torcendolo, si conserva, e si chiama *Sickion*: esso serve in appresso per ravvivar il colore.

Passato che sia per tre volte nell' acqua saponacea, e ridotto asciutto, si passa altre tre volte in un' altra composizione fatta come la prima con 400 bottiglie di liscivio, e 12 ℔ e mezza di olio, ma senza porvi sterco di pecora, e si serba il liquor restante pel ravvivamento del colore. Quando il cotone sia passato le tre volte colle medesime diligenze, e vi sia rimasto il tempo di sopra indicato, si lava diligentemente in acqua corrente per ispogliarlo dell' oleoso; senza di che non potrebbe riuscir l' operazione della galla. Esso dopo tal

la-

lavatura, ha da essere tanto bianco come
se venisse dal prato.

Rasciutto che sia, si mette alla galla, e
poi a due alluminature consecutive, come
già si è detto per gli altri rossi. Basterà
qui avvertire che la galla si deve usare in
polvere in ragione di quattr'once per ogni
℔ di cotone; che vi si debbon mettere sei
once di allume per ogni ℔ di materia nella
prima alluminatura, e quattr'once per la
seconda, e che in fine si aggiunge all'acqua
dell'allume un peso di liscivio eguale a
quello dell'allume medesimo. Convien badare che sarà utile frapporre 3, o 4 giorni
d'intervallo per ogni alluminatura, senza aggiungere verun altro sale alterante, essendo
ogni sal metallico generalmente contrario alla bellezza del colore, massimamente essendo stato il cotone nella galla, la quale pre-
cipita le calci metalliche in varj colori di
piombo, che nuocono alla vivacità del rosso.

Alcuni giorni dopo la ultima alluminatura, si fa la tintura rossa, come detto si è
per gli altri rossi, a riserva che si adoperano due ℔ in polvere di Lizari (¹) per ogni
℔ di cotone, e prima di metter la robbia
suddetta vi s'infondono nel bagno all'incirca 20 ℔ di sangue di montone, o pecora
liquido, si dibattono bene in tal bagno, e
si ha cura di levar la schiuma.

Per ravvivar il colore, si fa passare in
un liscivio di ceneri di legno nuovo, in

cui

_____

(1) La parola *lizari* corrisponde a robbia di Smirne, onde distinguerla dalla robbia d'Olanda.

cui si sciolgono 5 ℔ di sapone bianco, e
si adopra il liscivio tepido. Si tuffano le
100 ℔ di cotone in tal liquore, e vi si
maneggiano finchè ne rimangano ben penetrate: poi si mettono in una caldaia dove
vi sieno 600 pinte, o bottiglie di acqua tepida: vi si immerge il cotone senza levar-
gli niente dell' altro liquore, o miscuglio;
si fa bollire tre, 4, o 5 ore, o sei a piccolo fuoco più eguale che si possa, badando di tener coperta la caldaia, perchè non
esca il vapore, se non se per una piccola
e ristretta cannuccia. Di quando in quando
si tira fuori qualche matassa per vedere se
siasi ben avvivato, e quando tale si ritrovi, si ritrae, si lava assai bene, e il rosso riesce perfetto.

Esso si può eziandio ravvivare nella maniera seguente: rasciutto che sia dietro la
lavatura fatta dopo esser tinto, si fa ammollare per un'ora nel *Sickion* di cui favel-
lammo, e dopo averlo bene spremuto si
lascia asciugare. Essendo poi rasciutto, si
fondono per 100 ℔ di cotone 5 ℔ di sapone in acqua bastevole per ricoprir tutto il
filo. Allorquando la saponata sia tepida,
vi si mette il filo di cotone, e inzuppato che ne sia a dovere, si leva e si pone
in una caldaia, dove sieno 600 bottiglie
di acqua. Si fa bollire il tutto a piccolo fuoco per 4, o 5 ore, tenendo rico-
perta la caldaia perchè non escano i vapori. Questa maniera di operare rende il rosso anche più vivo di quello del più bello
d'Andrinopoli.

Os-

Osservazioni su questa tintura.

Le manipolazioni che abbiamo descritte, sono quelle usate a Darnetal, e in altre manifatture di Francia, dietro le istruzioni comunicate da una persona che ha veduto tingere in Turchia; ma o sia che non abbia ben veduto, o sia che abbia nascosto qualche parte del mistero, o sia perchè il buon esito dipenda dal concorso delle circostanze che accompagnano i varj miscugli, poche persone fino ad ora sono arrivate a conseguire, seguendo esattamente l'enunziato processo, un rosso così durevole e bello, come quello d'Andrinopopoli. Quelli che vi sono riusciti, non comunicano per niente il lor segreto: è ben giusto che ne profittino, ma si possono fare su tale argomento delle riflessioni non inutili.

I. La maniera indicata di purgare il cotone, è capace di alterar notabilmente il cotone, e renderlo fievolissimo per la causticità del liscivio in cui s'immerge. In fatti riesce tale, che abbrucia, e genera de' buchi nelle gambe degli operai che lo pigiano co' piedi. Sarebbe dunque meglio purgare il cotone in sei bottiglie di liscivio per ogni ℔ di materia, nella cui acqua non vi entrassero che sei once di soda per ogni sei bottiglie; di farvi poscia bollire le matasse racchiuse in un sacco di tela chiara, come si è detto nell'articolo del purgare. Facendo così, il cotone bastevolmente purgasi senza guastarsi: potrebbesi anco

B 3ri-

risparmiar la metà della soda, e rimediar-
vi col doppio del suo peso di ceneri di
legno nuovo, lo che fa il medesimo effetto.

II. Pare che il difetto nella riuscita per
parte di parecchi tintori nasca, perchè il
lor cotone non sia perfettamente sgombro
dall' olio, allorchè si mette alla galla;
la qual cosa fa che non pigli nè la galla,
nè l' allume: e la ragione si è, perchè non
fan bene il miscuglio del liscivio coll'olio,
ed essendo troppo debole il lor liscivio, l'
olio non può con esso lui formare che
una imperfetta unione; quindi l'olio sepa-
randosi alla superficie del liscivio, si ap-
prende solo al cotone, e impedisce, riem-
piendo i suoi pori, che la galla non s'in-
sinui e non lo penetri. Devesi dunque
aver somma cura nel colare il liscivio, affine di estrar tutto il sale della soda, e adoperar con essa calce viva, assolutamente
necessaria per rendere il liscivio caustico:
qualità senza cui egli è impossibile di
combinar perfettamente l'olio coll'alcali
della soda, e fare in conseguenza un sapone.

Per altro in Europa si sostituisce all'olio
di Sesamo quello di oliva, di cui si servono
nelle Indie orientali, e in Turchia. La natura degli olj pare che non influisca nell'
operazione, poichè l'olio di Sesamo non
differisce da quel di oliva se non che nell'essere naturalmente rappreso e addensato,
avendo così l'apparenza de' grassi animali,
o della cera. Tutto ciò che potrebbesi da tal
dif-

differenza conchiudere, si è, che converrebbe adoperarne in minore quantità di quello d'oliva. Se l'olio di Sesamo si stimas-
se assolutamente necessario, non sarebbe
difficile di poterne procurare, dacchè se ne
coltiva in Italia, e massimamente in Sicilia, dove chiamasi *Giurgulena*. Potrebbesi
trarre un olio simile da molte piante ana-
loghe ad essa, come dalla *Graziola*, e dal
Iosciamo, ec. sebbene la pianta che più
rassomiglia ad esso Sesamo, sia il *Convolvulus*.

III. Egli è certo che si possono abbreviar
di molto le manipolazioni recateci da Andrinopoli; ma convien lasciar godere del
segreto a quelli che lo posseggono, e d'altronde su tal proposito devesi presentar
all'Accademia delle Scienze una memoria
che non debbo prevenire.

Rispetto poi all'uso dello sterco di pecora, e del liquido tratto da budelli, non
sono essi utili per la solidità o saldezza
del colore. Si sa che tali materie racchiudono in se gran quantità di alcali volatile
sviluppato, il quale ha la proprietà di avvivare i colori rossi. Se gli ossi degli animali debbono alla colla tenace che in se contengono la proprietà di ritener con forza il
color della robbia, come ce lo fa sapere
l'esperienza, essi debbono altresì riconoscer
dal loro alcali volatile la vivacità di questo
colore. Sarebbe assurdo supporre, che i soli Europei osservato avessero tal fenomeno;
anzi è ragionevole il credere che gl'In-
diani se ne sieno avveduti, e abbiano cer-

cato

cato d'imitar quello che il caso avrà loro offerto. Certo si è, che per la tintura rossa de'marocchini, la cui manipolazione ci venne dal Levante, vi si apparecchian le pelli di capra che si vogliono tingere in un bagno, fatto con isterco di cane, perchè si è trovato utile ad avvivar la tintura della lacca.

Per la tintura del filo di cotone si mescola lo sterco di pecora con un liscivio di alcali fisso, il quale ritenga i principj volatili dello sterco, e ne impedisca perciò la putrefazione: allorchè si tuffa per molte volte il cotone in questo liquore saponaceo, impregnasi de'principj alcalini che vi dominano: e si sa per esperienza, che le materie inzuppate una volta d'alcali volatile, esempigrazia i vasi chimici adoperati per estrarnelo, ritengono per lungo tempo un odore gagliardo poco diverso dal muschio anche dopo di essere stati stropicciati assai bene con arena, con ceneri, con sapone ec. Ogni volta che si fa asciugare il cotone sortendo da questo liquore, la svaporazione delle parti acquose induce ne'principj alcalini, che si convertono in terra, una più gagliarda adesione a'pori del cotone, e ne risulta dall'unione di tal terra con parte dell'olio che si è adoperato, una colla che l'allume poscia rende più perfetta; ed ecco in due parole la teoria della tenacità e durevolezza di questa tintura.

Puossi tingere anche il filo di lino colla medesima maniera; ma prima di purgarlo come il filo di cotone, si ha l'uso di farlo

lo

lo, bollire in un' acqua, in cui si aggiungono
per ogni ℔ di filo quattro once di acetosa tagliuzzata, o fatta in pezzetti. L' olio
di vetriolo riesce più comodo, e migliore
dell' acetosa. Per altro il lino tinto in tal
modo, prende sempre meno tintura del
cotone, e ciò rispetto a' pori delle due materie.

Del giallo.

Per tingere il cotone giallo, convien cominciare dal ben purgarlo in un bagno preparato con liscivio di cenere di legno nuovo, poi lavarlo, e farlo asciugare.
Oltre a ciò è necessario preparare un bagno con acqua vicina a bollire, in cui si
farà fondere allume di Roma al peso di
un quarto di tutte le materie, che si vogliono tingere. Si tuffan le matasse nel bagno di allume tenendole sui bastoni per
alcuni minuti, e quando saran penetrate
egualmente in tutte le loro parti dal bagno, si levan da' bastoni, e mettonsi
nella caldaia, e si lasciano in quell' allume
per 24 ore, dopo il qual tempo si fanno
asciugar senza lavarle. Giova avvertire che
quanto più tempo resta così asciutto il cotone, tanto meglio piglia il colore, e quindi si può lasciar di lavarlo prima di tingerlo.
Si prepara poscia un bagno ben forte di
guado, volgarmente *erba intenta*, 20 once
per ogni ℔ di filo, e vi si tuffa sì il cotone, come il filo di lino alluminato. Si

get-

getta nel bagno un po' di acqua fresca per
far cessare il bollimento, e si maneggiano
le matasse finchè abbiano acquistato il tuono di colore che si desidera.

Allor quando tutto è tinto, s'immerge
in un bagno caldo senza che bolla, fatto
con vetriolo azzurro (¹) composto da quattro once per ogni ℔ di materia. Si lascia
macerar il filo in tal bagno per un'ora e
mezza, e si getta il tutto senza lavarlo in
un altro bagno di sapone bianco bollente, composto di quattro once per ogni ℔
di materia. Dopo che siasi ben maneggiato o il cotone, o il lino, si fa bollire
per $\frac{3}{4}$ di ora, e più se piacesse. Puossi diminuir la dose di sapone, e non adoperar-
ne che la metà, ma una maggior quantità
non può ch'esser vantaggiosa. Finita l'ope-
razion del sapone, si laverà, e si farà
asciugare.

Se si amasse un giallo più carico, e che
tirasse alla giunchiglia, non fa mestieri alluminar nè il lino, nè il cotone, ma adoperar due ℔ e mezzo di guado per ogni ℔
di materia, ed aggiungere ad essa verde rame stemperato in parte del bagno in dose
di una dramma per ogni ℔ di filo, che vi
si tufferà, e maneggerà finchè abbia preso un colore dappertutto eguale: si leverà il filo dal bagno per porvi una secchia di liscivio di soda (fatto come abbiam
detto trattando del colore rosso): si rimet-
terà

---

(1) Il vetriolo azzurro si chiama in commercio
comunemente *vetriolo di Cipro*.

terà il filo, ne' bastoni, e si ripasseran le matasse nel nuovo bagno per $\frac{1}{4}$ di ora, si leverà poi via, si torcerà, e si farà asciugare.

Anche il giallo di limone si farà nel medesimo modo, salvo che non si adoprerà che una sola ℔ di guado per ogni ℔ di materia, ed a proporzione si scemerà la quantità di verde rame, o anche si farà a meno, sostituendovi l'alluminatura. Di tal maniera variar si possono i tuoni del giallo all'infinito, nè vi sarà la menoma difficoltà, seguendo sempre lo stesso metodo che abbiamo indicato per assicurare e ravvivar la tintura.

I velluti di cotone si tingono ordinariamente colla terra merita, ch'è la radice di una pianta esotica della *curcuma*, proveniente dall'indie orientali. Essa ci porge un color giallo, ma poco saldo, seguendosi le manipolazioni ordinarie. Noi abbiamo provato che si poteva fissare il suo colore passando il filo di lino, o di cotone in una dissoluzione di zolfo di antimonio in liscivio di alcali fisso: allora il colore regge perfettamente all'azione dell'aria, e rende i velluti di cotone che ne sono tinti, di un tuono di giallo molto piacevole.

Del verde.

Volendosi dare il verde a' fili di lino, e di cotone, fa mestieri dopo averli ben purgati, tingerli nel tino di azzurro al tuono che si desidera, lasciarli poi nell'acqua, e in fine

fine asciugarli. Veramente non si possono fissare stabili regole sul fondo di azzurro e di giallo che si dee dare alle materie pei diversi tuoni di verde , dipendendo ciò dal più , o meno che si ama che signoreggi o domini l' uno , o l' altro de' due colori , e dal fondo che si vuol dare al lor miscuglio . Qui altro non si può dire se non che l' uso e l' occhio soli possono servir di guida al buon tintore.

Tingesi verde il velluto di cotone , come altresì le matasse con un solo bagno , con una semplicissima manipolazione , ma non ci dà che verdi di pomo , o *verds d' eau* (verdi d' acqua).

Si stemprino con pochissimo aceto due once di verderame , aggiungansi poi due boccali di aceto , versando il tutto in boccia che sia ben turata , e serbando il miscuglio per 15 giorni in una stufa. Quattr' ore prima di adoperarlo , facciansi bollir per un' ora 2 once di ceneri clavellate (¹) in una bottiglia di acqua finchè si riducano alla metà. Riducasi feltrando il liquore chiaro; si aggiunga tal liscivio al miscuglio sopraddetto di aceto , e verderame , e serbisi ogni cosa calda. Preparisi il filo facendolo passare in un bagno di allume , composto in ragione di un' oncia , e di cinque ℔ di acqua per ogni ℔ di materia. S' immerga il filo , essendo caldo il bagno a segno che appena ne lo possa soffrire la mano. Si sollevi il filo , o il vel-

---

(1) La cenere clavellata è il così detto allume di feccia , di cui ne facemmo di sopra parola.

velluto, e si aggiunga al bagno di allume
il liquor di verderame, e si rimetta il
filo per tingerlo.

Del violetto.

La maniera più usitata per tingere in
violetto il lino e il cotone, si è di dare
un fondo di azzurro nel tino secondo il
tuono che si ama meglio, e di farlo asciugare. Poscia si dà la galla in ragione di
3 once per ogni ℔ di materia, e si lascia
per 12, o 15 ore in questo bagno di galla; a capo poi di esse, si torce, e si fa
seccare. Nel frattempo si apparecchia un
bagno di legno campeggio che si compone
facendolo bollire nell'acqua in ragione di
mezza ℔ per ogni ℔ di materia da tingere, proporzionando l'acqua, vale a dire,
15, o 16 bottiglie per ogni ℔ di cotone
per lo scemo che dee succedere bollendo.
Si fa dunque bollire il legno per 3, o 4
ore: si versa poi la metà di tal bagno in
un mastello, e vi si fa passare il filo; e
quando ne sia ugualmente inzuppato, si
leva, e si aggiungono ad esso bagno due
dramme di allume, e una dramma di verderame stemperato per ogni ℔ di cotone. Si ripongono allora le matasse passate
sui bastoni, e si rivolgono per un buon 4.°
d'ora. Poi si levano per lasciarle esposte
all'aria, e di nuovo si rituffano interamente nel bagno per un 4.° d'ora, a capo
di cui si levan via, e si torcono. Finalmente votasi il mastello che servì a tal
tin-

tintura : vi si versa l' altra metà del bagno di campeggio riservato, vi si aggiungono due dramme di allume, e si ripassa il filo finchè sia ridotto al tuono che si vuole.

Sì l' uno che l' altro bagno di campeggio possono essere più, o men gagliardi in proporzione del tuono che si vuol comunicare al violetto, di maniera che se si volesse molto carico, converrebbe raddoppiar la dose del campeggio, per questo secondo bagno solamente. Siccome però tutta la tinta dal legno campeggio non si ritrae con una sola bollitura, si può per buona economia versar nuova acqua sul rimanente del legno, dopo di aver estratta la prima tinta, farlo bollir di nuovo, e adoperar il bagno più debole per la prima immersione del filo.

Tal violetto regge mediocremente all' aria ; ma, rigorosamente parlando, non si può dire di buona tinta. Si fan per altro de' violetti saldissimi, alterando la tintura di robbia, e hanno il vantaggio di non esser nè più noiosi a farsi, nè più dispendiosi. Di altro non si tratta, che d' inzuppare il filo, prima di metterlo alla robbia di un mordente, il quale produca tal effetto ; e siccome la base di esso serve pure al nero, ed a tutt'i suoi varj tuoni, è necessario darne la ricetta, o composizione.

Prendansi cento bottiglie di acquerello, o vino piccolo inacetito, e pongansi in esso da 20, o 25 ℔ di ferro vecchio, esposto per due, o tre notti alla rugiada. Si stemperino in parte di detto vino acetito

12 ℔ circa di farina di segale, o di cru-
schello di fermento.

Pongasi la farina nel vaso dove sono le 100
bottiglie, si faccia riscaldare una parte di
bagno in una caldaia a un calore sufficiente per far diventare tepide le 100 bottiglie,
mentre là entro si verserà la porzione bollente; si lasci riposare ogni cosa per sei settimane, o per mesi due, e anche più; poichè quanto più antica è questa composizione, tanto più riesce migliore. Convien
tenere il vaso, che la contiene, coperto con
tela e tavole, per difenderlo dalla polvere
e dagl'insetti; basta lasciarvi un picciolo
foro perchè l'aria vi possa entrare, e mantener la necessaria fermentazione.

Volendo poi tinger il filo, o cotone in
color violetto, si purga al solito: si prepara un mordente composto per ogni ℔ di materia di due bottiglie di questo bagno da
nero, e da 4 bottiglie di acqua, che si mettono in una caldaia al fuoco; si fa bollire,
e si schiuma tal bagno per una mezz'ora,
e quando non vi ha più schiuma, si rittae
dal fuoco, e si versa in un mastello, ed essendo ridotto tepido, si stemperano in una
porzione di tal bagno 4 once di vetriolo
azzurro, e un'oncia di salnitro. Si rivolgono le matasse a tepido, o a freddo su
questo mordente, e vi si lasciano immerse per 10, o 12 ore; poi si torcono, e si
fanno asciugare. Volendosi queste mettere
in robbia, si lavano in acqua corrente, si
lasciano sgocciolar bene, e poi si pongono in un bagno di robbia d'Olanda, in

ra-

ragione di una ℔ per ciascuna ℔ di materia.

Si possono facilmente con sì fatto mordente conseguire tutt'i tuoni di violetto, da quello della viola mammola sino al *Lilas*, e *gris de Lin*; e per farli, varrà più la sperienza, che tutte le regole. Se si volesse il violetto carico, aggiungansi al mordente 2 once di verderame, ed acquisterà eziandio più fondo, dando più o meno di galla prima di farlo passar per il mordente, e non mettendovi il salnitro. Accrescendo la dose del salnitro, e scemando quella del vetriolo azzurro, il violetto tirerà più al *Lilas*: un po' di mordente del rosso, aggiunto al vetriolo, darà tinta più, o men violetta. Finalmente varie dosi di bagno di nero, e di acqua, e diversi gradi di galla ci daranno innumerabili tuoni, e differenti maniere di colori bruni.

Del cannella rossiccio.

Questo colore altro non è che un miscuglio di giallo e del rosso di robbia, il quale non essendo così deciso come quello di cocciniglia, non dà col suo miscuglio col giallo, un color di arancio, come lo dà la cocciniglia.

Per tingere il filo, o cotone in color cannella rossiccio, si comincia dal purgar sì l'uno, che l'altro; si tingono in giallo col verderame e col guado, come già si è detto parlando del giallo; e allorquando questa tintura si è assicurata, si fan passare

re le matasse in un bagno di vetriolo azzurro colla dose di mezz'oncia per ogni
℔ di materia, si torcono e si fan seccare.

Rasciutte che sieno, si mettono nella galla con dose di tre once di galla per ogni ℔,
operando nello stesso modo, e colle medesime cautele descritte nell'articolo del color
rosso. Quando le matasse sien rasciutte,
si alluminano, come si è detto pel rosso,
si passan per la robbia nello stesso modo
in ragione di 1 ℔ di robbia per ogni ℔ di
materia.

Tinte che sieno le matasse, e lavate, si
fan passar in un'acqua di sapone, come si
fa pel filo tinto in giallo, ma senza bollitura. Si passan le matasse pei bastoni, finchè sieno bastevolmente avvivate, e libere
dal soverchio vetriolo che rende opaco il
colore.

Del nero.

Tutte le manipolazioni conosciute per
tingere in nero le lane e la seta, poco
buone sì per le une che per l'altra, sebbene si seguitino comunemente a fare, sono molto meno a proposito pei fili di lino
e di cotone, i cui pori sono meno aperti,
e in molto minor numero. Ciò che distingue
le solite operazioni pel nero, si riduce sempre a introdurre, ne' pori della roba, parti
ferruginee disciolte in varj mestrui, ed a
precipitar nella roba medesima queste particelle di ferro con materie astringenti, do-
tate di flogistico che colorar possa il ferro
in nero. Il miglior modo di riuscirvi, se-

C   guen-

guendo l'andamento di tali manipolazioni, è dunque lo scegliere un dissolvente che porti la divisione nel ferro in parti assai tenui e sottili, affinchè la sua calce non possa alterar la stoffa, o panno. In tutte queste manipolazioni si usa il vetriolo di marte, o di ferro; ma il ferro non è veramente diviso, come sarebbe da desiderarsi, stante il flogistico ch'esso ostinatamente ritiene, e che agevola la sua unione coll'acido medesimo, senza che il ferro sia perfettamente disciolto. Questa senza dubbio è la ragione, per cui una soluzione di vetriolo verde nell'acqua, depone col tempo una specie di ocra, che al sig. Geoffroy parve una materia differente, o estranea al ferro. Per la medesima ragione avviene, che lo spirito di nitro saturato di ferro non cessa di sciogliere dell'altro ferro ancora, che gli si presenta, abbandonando la porzione più grossa di quello che sul principio aveva disciolto, e non ritenendo che il flogistico (1).

Ciò posto, ognivolta che si userà il vetriolo pel nero, i panni che si tingeranno saran necessariamente ruvidi al tatto, e notabilmente danneggiati, perciocchè le parti grosse del ferro, che non sono se non se divise, ma non disciolte dall'acido vetriolico del vetriolo medesimo, riempiono di sover-

---

(1) Noi non assicuriamo le teorie che l'autore ama di sciorinare, anzi avremmo molte obbiezioni a fargli. Ma questo non è il luogo, trattandosi di render servigio ai tintori pratici.

soverchio i pori della roba, in cui entrano, e forzano colla loro durezza le pareti
de'pori stessi a separarsi ed a rompersi.
L'Hellot osservò giudiziosamente che un
panno tinto nero, senza dargli un fondo di
azzurro, nè di colore lionato, domanda
una maggiore quantità di vetriolo, che riduce la stoffa, o panno, atta a sdrucire; e
noi osservammo altresì, che facendo sciogliere ruggine di ferro nell'aceto, pel giallo, o pel nero delle tele dipinte, la tela
va soggetta a sdrucire ne'luoghi dove sono così fatti colori, massimamente quando
non si abbia avuto cura di schiumare la
soluzione per levar via la terra più grossa. A questa terra adunque bisogna attri-
buire il difetto di rompersi facilmente le
robe tinte in nero, e non all'acido del
vetriolo, nè ad altra cagione che le abbruci secondo l'opinione de'volgari.

Il miglior modo per altro di procurarsi
un nero, si è di servirsi di una soluzione
di ferro perfetta, affinchè il colore non riesca ruspo, ma liscio, e le stoffe non vengano alterate, perchè ne siegue che gli acidi intaccanti il ferro con troppa rapidità,
sono i meno atti a dare una buona e perfetta soluzione di esso; e l'esperienza ce
lo fa vedere ad ogni tratto. Hassi dunque
da dar la preferenza a un acido debole,
che malgrado la sua lentezza nell'operare
lo compenetri interamente, e lo divi-
da in particelle impalpabili. Ritrovasi tal
vantaggio nella composizione di nero, che
ho esposta parlando del violetto che serve

di base a tutt'i neri de'fili di lino e di
cotone, ed a'loro varj tuoni; i quali tanto meglio riescono, quanto più il bagno
del nero sarà antico, e perciò più compiuta la soluzione del ferro. Infatti i fabbricatori di tele indiane ne sentono tanto l'importanza, che molti di loro hanno
tini di nero, preparati fino da 20 anni, e di
vantaggio. Negli stati di Genova, di Fi-
renze, e di Napoli, ogni città da tinture
ha un luogo riservato detto *serraglio*, dove sono continuamente otto a 10 tini man-
tenuti a spese della città. Essi tini sono
già da tre, o quattrocento anni, più o
meno, preparati per la seta destinata a
tingersi nera, non avendo bisogno che di
essere provveduti di droghe opportune, di
mano in mano che la materia si va scemando per l'uso che se ne fa; il che forma una sorta di lievito, che concorre
alla fermentazione delle novelle droghe da
aggiungersi.

La manipolazione praticata a Roano per
tingere in nero i fili sì di lino, che di cotone, sta nel tingerli a principio in azzurro celeste; poi si torcono, e si mettono
ad asciugare. Si mettono poi alla galla in
ragione di quattr'once per ℔ (presso di
noi dove la ℔ è di once 12 vi si richieg-
gono once tre, che sono il 4to della no-
stra ℔) come abbiamo detto pei colori rossi, si lasciano nel bagno di galla per 24
ore, si torcono di nuovo, e si lasciano
asciugare.

Dipoi si versano in un mastello cinque

que bottiglie all' incirca per ogni ℔ del bagno del tino da nero (che abbiamo descritto favellando del color violetto), vi si passa, e si maneggia colla mano il filo a ℔ per ℔ un quarto di ora, o all' incirca, si torce e si espone all' aria: si ripete due altre volte simile operazione aggiungendosi ogni volta una nuova dose del bagno del nero, il quale deve essere stato schiumato con molta diligenza, si espone di bel nuovo all' aria, poi torcesi, si lava in acqua corrente, e si fa asciugare.

Volendosi tingere questo filo, si fa bollire per un' ora, in una caldaia, della corteccia di alno, ossia ontano alla dose di ℔ per ℔ di filo, in bastevole quantità di acqua; vi si aggiunge la metà circa del bagno servito per dar la galla, e del sommacco la metà del peso dell' alno. Si fa bollire di nuovo ogni cosa insieme per lo spazio di due ore, dopo le quali si passa per setaccio il nostro bagno; freddo che sia, si passano le matasse del filo pei bastoni, e si maneggiano a ℔ per ℔, di quando in quando si espongono all' aria, poi di nuovo si tuffano, e vi si lasciano per 24 ore, passate le quali si torcono, e si fanno asciugare.

Per raddolcire il filo, rasciutto che sia, si ha il costume d' immergerlo e d' impastarlo in un bagno sopravanzato di guado servito per altri colori, a cui si aggiunge un po' di legno campeggio, si leva via, si torce, e tosto si mette in un mastello di acqua tepida, in cui siasi infusa un' oncia

C 3   di

di olio di oliva per ogni ℔ di materia, finalmente si torce, e si fa asciugare. Noi crediamo che per ottenere un nero saldo e fisso, convenga appigliarsi a quello che risulta da' tre colori primitivi, aspettando che si venga a scoprire qualche fecula vegetabile che colorisca in nero assolutamente e direttamente. Descriverò adesso la manipolazione da me seguita, per cui si colorirono perfettamente in nero i fili di lino e di cotone ottenuto per combinazione di colori.

Fa mestieri incominciar dal purgare il filo secondo il metodo ordinario, metterlo alla galla come si è fatto per il color rosso, alluminarlo, e poi farlo passar per un bagno di guado. All'uscire dalla luteola, converrà tingerlo in una decozione di legno campeggio, a cui si aggiungerà ¼ di vetriolo azzurro per ogni ℔ di materia; sortendo da tal bagno si laverà in acqua corrente, si torcerà, e si laverà varie volte senza torcerlo troppo forte; finalmente tingerassi in un bagno di robbia alla dose di mezza libbra di questa tintura per ogni ℔ di materia. Qui non ripetiamo le maniere di mettere alla galla, nè di alluminare, nè di tingere a guado, ec., che già sonosi dichiarate anteriormente.

Ognuno può essere certo che con tal maniera d'operare si otterrà un bellissimo nero saldissimo, che non andrà soggetto a sbiadire, se si avrà l'attenzione dopo la tintura di farlo passare per una saponata bollente.

Del

Del colore grigio.

Si distinguono da' tintori varj tuoni di grigio, cioè grigio-moro, grigio-ferro, grigio-lavagna, grigio-spina, grigio-agata, grigio-perla ec, ec. E' cosa facile il capire ch' essendo il grigio, in genere, un miscuglio di nero e bianco, i suoi varj tuoni non possono aversi se non se introducendo nella roba una picciola quantità di materie, che assorbiscano i raggi della luce, di maniera che rimangano de'pori, i quali non essendo ripieni, riflettano quindi tutti i raggi, e offrano allo sguardo un colore grigio a cagione de' pori frammischiati, contenenti particelle nere. Tal operazione è dunque in tintura precisamente quella stessa, che fa il pittore mescolando nero di fumo con cerusa.

Sarebbe cosa troppo lunga e insieme superflua lo star a descrivere le varie manipolazioni pei varj tuoni di grigio, i quali, oltre gl'indicati, si possono variare all' infinito. In fatti il tintore dee piuttosto regolarsi colla vista, che con qualche regola particolare, volendo produrre tal sorte di tuoni; quello che si può dire, si è, che seguendosi i soliti metodi da un fondo di azzurro al grigio di moro, al grigio di ferro, e di lavagna, ma non per gli altri, tutti questi tuoni addomandano una quantità di galla proporzionata a quel tuono che uno si propone di avere, cioè più, o men forte, badando che a tal uopo si u-

sano

sano sovente de' bagni di galla, serviti per altri colori.

Stati che sieno i fili nella galla, torti e rasciutti, si passano sui bastoni in un mastello d'acqua fredda, dove vi si aggiunge una quantità a piacimento del bagno del tino da nero, e di una decozione di legno d'India o campeggio; vi si maneggiano i fili a ℔ per ℔, si torcono, si lavano, e si fanno asciugare.

Grigi più saldi.

Si posson fare de' grigi più saldi e durevoli colle seguenti operazioni.

I. Si dà la galla al filo, si fa passare in un bagno del tino da nero, ma fiacchissimo, e poi si tinge colla robbia.

II. Si fa passare il filo sopra una soluzione caldissima di cristalli di tartaro, si torce leggermente, e si fa seccare. Tingesi allora il filo in una decozione di campeggio, la tintura comparisce nera, ma passandosi il filo, e maneggiandosi diligentemente, sopra una soluzione calda di sapone; scaricasi il soverchio della tinta, e vi rimane un grigio-lavagna molto vago e saldo.

Colore di muschio.

I tintori di Roano tingono i cotoni mettendoli alla galla, facendoli passare sul bagno del tino da nero, poi tingendoli col guado, assicurandoli, come si è detto, col verderame; e finalmente facendoli passare

per

per un bagno di robbia. Ben si scorge che
tutto ciò si eseguisce per combinamento di
colori, ma a dire il vero, questo atto di
colore, o tuono non è sì prezioso che vi
si abbia ad impiegare tanta fatica e spesa.

Colori d'oliva, e di verde anitra.

Tutti i tuoni di questi colori fannosi,
dando al filo un fondo di blu, mettendolo
alla galla, facendolo passare pel bagno della tina da nero più o men forte, poscia
sulla tintura di guado con verderame (come si è detto del giallo), assicurandolo con
bagno di vetriolo azzurro, e ravvivando il
colore col sapone. Tutti questi atti di colore non vagliono la pena di esser descrit-
ti minutamente, dovendo il tintore lasciar-
si guidar dall'occhio.

Si fa d'altronde un bellissimo color d'
oliva, facendo bollire in una sufficiente
quantità di acqua quattro parti di guado
con una di potassa: si fa inoltre bollire a
parte, con un poco di verderame, del legno brasile messo in molle la sera prima,
si mescolano le due soluzioni in varie dosi secondo i tuoni che si richiedono, e vi
si fa passare il filo.

Se poi si volesse un color d'oliva più
saldo, formasi un mordente composto da
tre once di allume, tre altre once di nitro,
e due once di sal gemma, e $\frac{1}{2}$ oncia di ammoniaco; s'inzuppa bene il filo di tal mordente, torcesi leggermente, si fa asciugare,
e poi tingesi colla robbia. Tali colori rie-
sco-

scono saldi quanto mai', e ognuno facilmente si avvede che le varie dosi di robbia e del mordente danno de' tuoni all'infinito.

De' bruni, marrone, caffè, ec.

Sarebbe un allungar mal a proposito questo trattato, il descrivere tutt'i mezzi possibili di procurarsi i varj atti di questi colori, il tutto consistendo nell'uso della galla, del verderame, o del vetriolo blu, del guado, e della robbia. Se si dà il guado dopo il bagno della robbia pel rosso, si ricava un *maur-doré*: se dopo aver dato il medesimo rosso si fa passar pel tino del blu, ne risulta un colore di prugna.

Ed ecco quanto c'insegna l'accreditato M.r d'Apligny rispetto alla tintura de' fili, delle tele, o de' velluti di cotone, del lino e canapa, prescindendo dalle sue teorie e da qualche erudizione che non ho creduto a proposito di tradurre, indirizzando queste istruzioni non al fisico, nè al naturalista, ma all'uomo che sia occupato nel voler migliorare la sua arte, o professione.

Così mi propongo di fare di un'altra opera che ha per titolo Raccolta di manipolazioni e di sperimenti sulle buone tinte, che dar possono i nostri vegetabili alle lane e lanaggi, di M.r d'Ambournay negoziante a Roano, stampata a Parigi per ordine del governo di Francia, nell'anno 1786. Servirà essa di continuazione all' egregia fatica intrapresa dal sig. co. Andrea Erbisti di Verona, di tradurre la classica ope-

opera di M.ᵣ Hellot, pubblicata fino dal 1750 in Parigi.

Dell' elaboratorio, o tintoria.

Giacchè le nuove tinture qui proposte, sono solamente estrattive, convien cominciare dal ridurre i legni, le radici, e le piante in tale stato di divisione, che faciliti all' acqua bollente la comunicazione delle loro particelle coloranti: il che non puossi sperar di ottenere in grande, se non se da mulini a coltelli, come sono quelli che si usano per ridurre in polvere la scorza di quercia, e per formar la concia da pelli. Il movimento verrà ad essi impresso dal vento, dall' acqua, o da cavalli, secondo le circostanze de' luoghi.

Tutte le decozioni debbono esser fatte in caldaie di rame, collocate secondo l' uso moderno, vale a dire, in fornelli detti a vento, cioè ventilati, i quali permettano che la fiamma circoli in tutto il loro contorno, il che accelerando l' ebollizione, fa risparmiare molto tempo e molto combustibile.

L' interno della caldaia deve avere un cesto molto fitto, o un sacco di canovaccio, cui mediante una carrucola, fermata nel palco della tintoria, perpendicolare al centro di essa caldaia, si possano levar via le materie, seguita che ne sia la decozione. In tal maniera si leva la posatura, o sedimento della materia colorante per non lasciar nella caldaia, che il solo bagno ridotdotto bastevolmente chiaro. E siccome adoperar si possono frutti e molti vegetabili in erba, il sacco mi sembra migliore in quanto che dopo essersi sospeso, perchè sgoccioli, si può mettere sotto un torchio a tal effetto collocato in un canto della tintoria, e ottenere quel bagno, che il cesto lascerebbe perdere. Si deve aver cura di lavare in acqua corrente i cesti, o sacchi, mentre son caldi, affinchè il colore che hanno acquistato, non alteri gli altri colori ch'estrar si vorranno successivamente.

Il bagno rimasto nella caldaia sarà pronto a ricevere la lana apparecchiata in qualunque modo che più piaccia, avvertendo però che tutt'i bagni non danno il colore nel medesimo spazio di tempo, nè al medesimo grado di calore. Gli uni si comunicano tosto, e anche senza bollitura, come generalmente i gialli, i quali si oscurano e peggiorano col bollire; quelli della famiglia delle rubiacee o della robbia addomandano più tempo, ma poca bollitura: lo stesso si ha da dire del mio verde-oliva-nativo, e di alcuni altri, e quindi possono esser maneggiati nelle caldaie collocate all'uso moderno. Ma una quantità di altri tuoni di colori non s'introducono nella lana che a grado a grado, colla svaporazione di una buona parte del bagno, e coll'essere ridotto in estratto, o *rob*, come si dice da' chimici. Andando così la faccenda, non si debbono usare se non che quelle caldaie, in cui il fuoco operi sul solo

fon-

fondo, onde la riduzione del bagno ne siegua senza bruciar nè il metallo, nè il contenuto. Sarebbe anche da desiderarsi (se
pure ciò non rendesse il rivolgimento delle
lane troppo difficile) che tali caldaie fossero fatte a campana rovesciata, cioè più
anguste nel fondo, che nel loro orifizio,
affinchè la diminuzione dello spazio compensar possa quella del bagno più ristret-
to. Tali sono tutt'i colori che addomandano lunga bollitura.

Le caldaie adunque stabilite al modo antico, debbono preferirsi per apparecchiare,
o dare i mordenti alle lane, in quanto che
la manutenzione delle altre esige che vi si
lasci troppa acqua, la quale diluisce e snerva l'apparecchio: esempigrazia un tal vaso
adattato a tingere 60 ℔ di lana destinate alla
fabbrica di un panno, dovrebbe esser voto
fino alla metà per apparecchiarle. Ora il
modo di assettarla alla moderna non lo
consente, poichè la fiamma circola fino
ai $\frac{1}{4}$ di sua altezza; generalmente poi tutti i mordenti, o apparecchi dilavati in
troppo fluido rimangono deboli, e non fan
l'effetto che si desidera, non dovendovi essere che il quantitativo di acqua assolutamente necessario per maneggiare e rivoltar
la lana col mezzo dell'ebollizione [1].

La maggior parte degl'ingredienti nostrali sono preziosi per la qualità, ma
scar-

---

[1] Tutte le decozioni ed operazioni eseguir si
possono coll'uso del carbon fossile, come anco con
le legna.

scarsi per la quantità di materia colorante, e quindi han da occupare molto luogo. Bisognerebbe adunque farne la decozione in una vasta caldaia a *events*, poscia travasare il bagno ridotto chiaro in
quelle caldaie surriferite, destinate alla
tintura ridotta in mediocre parte di fluido. Senza di che si verrebbero ad accele-
rar di molto le operazioni, facendosi
minorare e concentrar essi bagni coloranti prima che vi si tuffino le lane, le quali
con l'acqua che seco portano, li dilava-
no e sempre li distendono.

La tintoria sarà per altro provveduta di
tutti gli stromenti usitati, e servita da
operai accostumati a tinger lane. Rispetto poi alle manipolazioni, mi lusingo che
saranno a sufficienza descritte nell'opera.

Mordenti metallici diversi, e quello del sig. de la Follie.

In un vaso, ossia orinale di vetro a collo lungo e largo, bastevolmente capace onde la metà di sua contenenza resti vota, vi
si versino 4 ℔ d'acido nitroso poco concentrato, e il vaso si riponga sopra un gran
piatto di terra, quasi pieno di cenere fredda, onde possa starsene fermo in piedi.
Vi si adatti un turacciolo di sughero conveniente alla sua bocca, e si collochi ogni
cosa sotto la canna di un cammino. Vi si
gettino a poco a poco delle gran prese di
bismuto, ridotte in polvere grossa, e ad
ogni presa gettata si turi ben tosto il va-

so,

so, per prevenire la perdita de' rossi vapori , fuggendo soprattutto di respirarneli . Non se ne getti di nuova se non dopo l'intera soluzione di ogni presa, e così di mano in mano finchè se ne sieno gettate da 16 once (¹). Quando la soluzione sia stata fatta a dovere , se vogliasi avere un color verde di mare chiaro , conviene lasciar pochissima fonghiglia nera nel fondo , e non deporre sal veruno, o cristalli bianchi. Si serbi ben turata per non usarla che l'indomani , o al più quattro giorni dopo che fu fatta , poichè perde il suo flogistico.

Per apparecchiare 60 ℔ di lana, destinata a formar una pezza di panno, si piglino 5 ℔ di tartaro rosso o bianco scelto, di fresco polverizzato, e passato per setaccio di crine: inoltre 10 ℔ di salamoia di sal marino, fatta in acqua fredda, o tepida, e satura al peso di 4 gradi nel pesa-liquore de' saponai.

Si metta a bollire una caldaia destinata a tingere la lana di una pezza, ma piena soltanto alla metà: vi si versi il tartaro, pian piano, ed a pugni di 4 once onde schivare l'effervescenza troppo forte, che farebbe traboccar l'acqua fuori del vaso, se vi si gettasse in soverchia quantità e ad un tratto: vi si versi al tempo stesso la soluzione metallica e la salamoia, si mescoli col rabbio, fino al fondo, per esattamente ripartire il contenuto nella caldaia, e pongansi con dili-

---

(1) Sedici once equivalgono come si è detto ad una libbra di Parigi.

diligenza le 60 ℔ di lana purgata dal suo
untume, e bene sgocciolata; si tuffi con
molta diligenza, rivolgasi cogli uncini e-
gualmente e sollecitamente, onde s'inzup-
pi bene del mordente. Si accresca il fuoco
per riavere il bollimento, di cui si pro-
fitterà per rivoltarla varie volte; si lasci
bollire tranquillamente una mezz'ora, ma-
neggiandola continuamente cogli uncini.
Si levi per lasciarla sgocciolare da tal
mordente che da noi verrà indicato per abbreviatura L F.

Nel frattempo si disponga il bagno colorante, in cui s'immergerà la lana, e si
opererà secondo l'arte.

Se in vece di lana si amasse tinger panni,
converrebbe farli girar nell'acqua bollente
per mezzo quarto d'ora, levarli via, e
nell'acqua stessa, se il panno è bianco e
netto, formar il mordente, sempre colle
dosi degl'ingredienti, e colle quantità di
acqua surriferite pel peso di ℔ 60 (¹). Essendo ogni cosa ben rimescolata, vi si getti il
panno, tutto ad un tratto, onde s'impre-
gni bene. Si ripassi per il mulinello, si
accresca il fuoco, e si rivolga per mezz'ora
distendendolo per tutta la sua larghezza,
affinchè pigli un color eguale. Il fuoco però
dev'esser più forte, che per la lana, poichè le parti del panno, passando successivamente fuori della caldaia, si espongono
all'

_____

(1) La libbra di Francia è formata di 16 once,
com'è noto, la veneta è di 12; e quindi convien regolarsi nella quantità del metallo, ec. ec.

all' aria, e notabilmente raffreddàno il bagno del mordente . Si raccolga il panno sul mulinello , vi si lasci sgocciolare, si rivolga spesso, perchè non rimanga
più mordente in una, che in altra parte.
Dopo una mezz'ora , si potrà immergere
nel bagno da colore, dove esattamente tuffata, si ripasserà , e si rivolgerà pel mulinello, finchè abbia il tuono richiesto. Essendo tali manipolazioni indispensabili e
comuni a tutti gli altri apparecchi, noi
non le ripeteremo, per fuggire la prolissi-
tà, ma converrà adattarvisi.

Ma avanti d'intraprendere un mordente
in grande, vuol prudenza l'assicurarsene
in piccolo delle qui appresso condizioni,
cioè I. Se la soluzione sia buona, attesochè la menoma negligenza nell' operare,
nella scelta del metallo, in quella del mestruo, o acido, e delle droghe accessorie, può
fare andar a male l'operazione, far perdere
il tempo e la spesa, e alterare la qualità
della lana. II. Se la lana sia purgata a sufficienza, e lavata del pari dal suo bagno
di pulizia. III. Se gl'ingredienti coloranti
sieno nella dovuta dose, e di forza sufficiente per l'atto di colore richiesto. IV. Fino
a qual grado di scemamento ridur si deb-
bano i bagni di lunga cottura per conseguire il colore che uno si propone di avere, e finalmente tutto ciò che hassi da fare, o da schivar per essere certo di un
buon successo.

A tal effetto si piglino sette dramme umide, o quattro dramme asciutte di lana, o

D   di

di panno lano. Si metta in una cazzeruola di rame, o di ottone, secondo la natura della caldaia grande, una bottiglia e mezza della stessa acqua, di cui si vuole servirsi nell'operazione in grande. Condotta che siasi a bollitura, si gettino, a prese, 18 grani di tartaro in polvere, e calmata la effervescenza, gettinsi 18 grani della metallica soluzione, e 36 di salamoia. Si mescoli bene ogni cosa, si tuffi la lana, o panno, s'impasti e si dimeni per mezz'ora con piccola bollitura. Si levi via, si sgoccioli, e si ponga in un bagno da colore, composto in dosi relative a quelle dell'operazione in grande, riserbandosi a cambiarle, veduto che si abbia l'esito dell'operazione in piccolo, la quale deve anco servire di un'approssimazione di regola per la durata, e pel grado di fuoco da metter in uso.

Non debbonsi dedurre le dosi della soluzione metallica e dell'acqua in grande, da quelle dell'operazione in piccolo; conciosiachè operando in grande, aumentar si deve la soluzione, e scemar l'acqua del bagno, poichè 60 ℔ di lana non possono giammai essere sgocciolate con tanta diligenza come 4 dramme. Esse adunque recano nella caldaia per necessità molto fluido, che vuolsi compensar scemando l'acqua, e rinforzando le parti attive. Ora in piccolo la metallica soluzione è in ragione di $\frac{1}{16}$ del peso della lana, ma in grande ha da essere almeno di $\frac{1}{11}$. Il tartaro devé esser in peso eguale, e la sa-

la-

lamola doppia di peso della soluzione metallica.

*Prima modificazione che si è creduto di
dare al mordente detto L F per abbreviatura, coll'idea di rinforzare i rossi
delle piante rubiacee.*

Abbiamo sostituito al tartaro in polvere
la medesima dose di cremore, o cristallo
di tartaro egualmente polverizzato e passato per setaccio.

Sostituimmo alla dissoluzione di bismuto coll'acido nitroso, o acqua forte, quella
di stagno fino di Malacca, o per lo meno
di Cornovaglia in piccioli capelli, ridotto
in pezzetti nell'acqua regia fatta come qui
appresso.

In 4 ℔ di buona acqua forte, e quattr'
once di acqua pura atta a sciogliere il sapone, feci fondere a freddo 4 once di sale
ammoniaco di Egitto in polvere grossa, ed
essendo ben fuso, misi l'orinale sopra un
bagno di cenere, che andai riscaldando a
grado a grado; e vi gettai a poco a poco
a prese di circa 36 grani l'una, 9 once di
stagno ridotto in fettucce. Badai a tener
il matrasso, o orinale turato, e di non
sturarlo se non se per gettarvi nuova materia, subito che la soluzione della precedente era compiuta. Il calore del bagno
delle ceneri essendo ugualmente mantenuto, la dissoluzione si è fatta in 18 ore di
tempo, e pesava 5 ℔ e un'oncia, la quale con peso uguale di cremor di tartaro, e

10 ℔, e 2 once di salamoia, veniva a for‑
mare l'apparecchio per 60 ℔ di lana, o di
panni, o lanaggi.

Questa dissoluzione può farsi al sole
ne' mesi di giugno, luglio, e agosto, ma
addomanda almeno 3 giorni, vale a dire
30 ore di esposizione alla sferza del sole.
Non vuolsi adoperarla, se non che 2, o 3
giorni dopo che siasi riposata e schiarita,
conservando il suo flogistico per più di
2 mesi, e finchè non giunga a perdere la
sua trasparenza, cominciando a diventar
alba, e con colori diversi d'iride.

Tal mordente riesce a maraviglia pei
gialli provenienti dalla famiglia delle piop‑
pe, bastando in questo caso la soluzione
con metà meno di stagno. Tal apparecchio
si nominerà per abbreviatura S $\frac{1}{8}$, volendo
significare che lo stagno vi entrò per $\frac{1}{8}$ del
peso del mestruo.

Se per natura sua la lana ha poco ner‑
bo, avviene che si peggiora, e in tal caso
fa d'uopo raddoppiar la dose di cremor di
tartaro, e scemare di $\frac{1}{4}$ quella della sala‑
moia; così operando, la lana esce in mi‑
gliore stato, ma il rosso tira all'arancio,
ed anche più al color di fuoco, che allo
scarlato.

Sostituendo nel nostro mordente S $\frac{1}{8}$ l'al‑
lume al cremor di tartaro, la robbia dà
alla lana un lucido colore di celidonia, o
Glaucium (1),

Se‑

_____

(1) L'acqua regia del Margraff vien composta da
un'oncia di acido nitroso puro, e da 36 grani di
sal

Seconda soluzione di stagno.

In 4 dramme di acqua forte feci fondere
una dramma di sal marino, e il mestruo
sciolse una dramma di stagno, ma fra pochi dì vidi formarsi un cumulo di cristalli, il che m'indusse a lasciare il matrasso nel suo luogo, e ben riposato. Dopo
tre settimane ritrassi un masso di cristalli
pesanti una dramma, assai simili al nitro
di terza cotta, ma di sapore più acido;
fulminarono gagliardamente sulla brace,
ma ciò non ostante rimase lo stagno continuamente disciolto, e avendo rifatto lo
sperimento un'altra volta, n'ebbi i medesimi risultati. Eppure l'apparecchio formato da tal soluzione diede men rosso di
quelli fatti coll'acqua regia muriatica, in
cui non vi eran cristalli, e che mi diedero colla robbia un bel colore medio tra il
fiore di celidonia, e del papavero comune
de' nostri canapi. Dietro molte riflessioni
sono condotto a credere, che l'acqua for-

D 3   te

sal ammoniaco. I signori Bayen e Charlat chimici di professione vi han aggiunto da una fino a
tre parti di acqua; e dicono che in tre once di acido marino han disciolto a forza di tempo e di fuoco fino ad un'oncia di stagno; sperimento che in-
darno tentai, perchè non avrò operato con bastante esattezza, ma sarei veramente curioso di veder
l'effetto nella tintura di così fatta soluzione stra-
carica di metallo. Forse potrebbe esso comunicar
a' rossi di robbia quel grado di *rosage*, che dice
il francese, o sia ravvivamento da rassomigliarsi
allo scarlatto.

te adoperata nelle due soluzioni producenti cristalli, racchiudessero soverchio acido, che si sarà impossessato di una parte dell' alcali del sal marino, donde ne sarà venuto quel nitro quadrangolare, noto per la proprietà di fulminare, tostochè sia a contatto col fuoco ardente.

Allorquando sospettasi, che l'acqua forte sia troppo concentrata, convien aggiungervi acqua, e avrassi una buona soluzione tirante al rosso, quando non vi si formino cristalli.

Terza soluzione di stagno.

Questa non è se non che una ripetizione di quelle surriferite, salvo che non vi gettai che soli 36 grani di stagno: il mordente che mi venne fatto, mi diede colla robbia un colore pseudo-scarlatto, vicinissimo a quello del papavero de' campi. Questo si marcherà SMR⅛, vale a dire, che l' acqua regia è muriatica, e lo stagno disciolto in dose di ⅛.

Quarta soluzione. Porpora di Cassio.

Nove grani della soluzione qui sopra descritta, ed un' egual quantità di quella di 25 sfoglie d' oro in libretto, disciolte in 4 dramme di acqua regia col sale ammoniaco, 18 grani di cremor di tartaro, e 36 di salamoia mi han dato, in una bottiglia e mezza di acqua bollente, l'apparecchio di 4 dramme di lana. La porpora di Cassio si

è

è fatta vedere in tal bagno, ma solamente in *gris de-lin*: a motivo della soverchia acqua in cui era diluta questa lana, ha preso nel bagno di robbia un bel rosso, che quasi pareva scarlatto; in un bagno poi di fernambuco acquistò un bel color di porpora carico che regge all'aceto, come al sapone del follo. Inoltre in un bagno di pioppa, volgarmente detta *cipressina* pigliò un giallo assai d'oro, che da 15 minuti d'immersione nell'aceto più forte non alterò punto, nè poco. Egli è un peccato che tal mordente marcato S e O, cioè soluzion di stagno ed oro, sia troppo caro onde valersene in grande; ma vi ho ritrovato un supplemento economico, onde fissar nel modo stesso i legni di fernambuco, di santa Marta, di Campeggio, e anche di Scotano.

Prove riuscite vane.

Tentai separatamente l'uso delle soluzioni di zinco, di antimonio crudo, del regolo di antimonio, di piombo, e di miniera di cobalto, ma nessuna di queste terre metalliche non ha fissate, in maniera vaga e piacevole, le nostre fecule coloranti.

Quinta soluzione di stagno.

In una boccia da medicine contenente $\frac{1}{8}$ di bottiglia, versai due dramme di acido marino fumante, di color d'oro senza aggiunta di acqua, essendo mia intenzione di sciogliere 36 grani di stagno di Malacca, ma

per

per 24 ore di diligènza e di fuoco non
ne potei disciogliere che diciotto. Appena
n'erano stati gettati 4 grani in due ore, che
il color citrino scomparve, e il mestruo diventò bianco e limpido; come acqua passata pel mortaio; la limpidità si mantenne
fino dopo la soluzione dei 18 grani. (1)

La lana con tal mordente apparecchiata,
che s' indicherà colle lettere SAMF $\frac{1}{8}$, vale a dire, stagno sciolto in acido marino
fumante, pigliò nel bagno di robbia un rosso scarlatto luoidissimo.

Siccome con tal mordente il legno fernambuco, al peso stesso della lana, mi avea
somministrati de' colori di porpora carichi,
e serj, non saprei dire come m'avvisai di far
cuocere insième in cinque bicchieri, o $\frac{1}{4}$ di
bottiglia d'acqua, un'oncia di scorza di
betula, volgarmente bedolo, e 18 grani di
fernambuco polverizzati. Passato il bagno,
vi tuffai una dramma di lana e di lanag-
gio, che pigliarono e l'una e l'altro un
tuono roseo amabile, e intenso che s'inol-
tra nella roba, e si abbellisce coll'aceto,
e nel follo, coll'acqua di sapone tanto calda, quanto si possa dalla mano soffrire.
Diedi a questo bel colore il nome di scarlatto di Venezia: inoltre raddoppiando la
dose del fernambuco, mi venne fatto il co-

'lo-

___

(1) L'artista se ne stia guardingo, e faccia la
soluzione in un vaso di vetro amplo, e vasto in
ragione del contenuto, mercecchè la somma elasti-
cità de' vapori diradati dal fuoco, avrebbe fatta rom-
pere la boccia, se il turacciolo non avesse ceduto
balzando con iscoppio.

lore di amaranto del pari saldo. Per altro nel corso della mia opera si detaglieranno i buoni effetti della corteccia di betula, droga nostrale di poco prezzo, che mi diede la maniera di fermare ravvivandoli, tutt' i legni coloranti forestieri, abbondanti di colori, ma sfuggevoli.

Sesta soluzione di stagno.

In una dramma di acido nitroso, e in una dramma altresì di acido marino con 18 grani di acqua ho fatti sciogliere a caldo 18 grani di stagno. Il mordente che ne nacque, mi diede de' belli e saldi colori con bagni di legni forestieri, e con giunta di scorza di betula. Il suo pregio singolare si è, che impedisce alla lana in fiocchi ogni disuguaglianza, o lacuna di colorito. Esso mordente sarà notato così $\frac{1}{2}$ AN, AMS $\frac{1}{2}$, il che vuol dire $\frac{1}{8}$ di stagno disciolto in metà acido nitroso, e metà acido marino.

Settima e singolar soluzione.

In 4 dramme di acido nitroso, in una dramma di acido marino, e in due dramme di acqua, feci sciogliere una dramma di stagno tanto tumultuosamente come se avesse versato limatura di acciaio nell'acqua forte. La lana apparecchiata così, pigliò il colore scarlatto di Venezia nel bagno di fernambuco, e di corteccia di betula, color di celidonia in quello di robbia, e americano, o violetto tirante a blu, nel bagno

di

di legno d'India, ovvero campeggio. Questa soluzione si ha il vantaggio di farla senza fuoco, stante che l'effervescenza nata dalle prime proiezioni riscalda sì fattamente il mestruo, che di tempo in tempo bisogna sturar il vaso, onde esso non crepi; ciò non ostante, non trattandosi di avvivar il colore della robbia, mi pare da preferirsi il qui appresso metodo.

Ottava soluzione.

In tre once A N d'acido nitroso non concentrato (l'autore lo caratterizza con 26 soldi di Francia la ℔), un'oncia di acido marino da 52 soldi, e 4 dramme di acqua, feci sciogliere a caldo 2 dramme di stagno. I mordenti fatti con tal economica soluzione sono ben riusciti per i legni coloranti forestieri, per i gialli di pioppa, *carmelites* chiari, o falbi cangianti, detti *caca-dauphin*, ma ne' bagni di robbia non han preso che il colore di nasturcio d'India, detto da Linneo *Tropeulum majus*, ó *Cardamentum Turni*. Si marcherà tal mordente così: $\frac{1}{4}$ A N $\frac{1}{4}$ AMS $\frac{1}{16}$, cioè $\frac{1}{4}$ acido $\frac{1}{4}$ N acido marino, e un $\frac{1}{16}$ di stagno disciolto.

Dissoluzione di rame.

In due dramme di A N, o acido nitroso feci sciogliere a freddo 36 grani di rame rosso, o rosetta, la soluzione rimase di un bel colore blu, da anteporsi a quella

la

la del vetriolo di cipro nell'acqua, perchè riesce più flogisticata. Non fa mestieri di adoperarne che 9 grani con 18 di tartaro, e 36 di salamoia in bottiglia, e mezza di acqua per apparecchiar 4 dramme di lana. Si vedrà poi in quali circostanze mi fu utile tal apparecchio marcato colla lettera R.

Soluzione di ferro.

In 4 dramme di acido marino feci sciogliere a freddo 36 grani di piccole brocche, o chiodi da tappezziere, non arrugginiti: la soluzione fu di limone verdastro, e per le ragioni addotte nell'articolo del rame è da anteporsi a quella del vetriolo verde nell'acqua. Volli servirmi dell'acido muriatico, perchè fra tutti i mestrui esso è quello che conserva più lungo tempo il flogisto de'metalli, e bastano solamente 9 grani di tal soluzione per l'apparecchio di 4 dramme di lana. L'iniziale F sarà la sua caratteristica.

Apparecchio della lana, facendola bollire con tartaro ed allume.

Le dosi da me riconosciute per le migliori, sono le qui appresso indicatemi dal sig. Flavignì d'Elbinf. Per apparecchiare 60 ℔ di lana, si gettino a poco a poco, in una quantità a un di presso sufficiente, e bollente, 3 ℔ di tartaro rosso, o bianco in polvere, passato per setaccio di crine: cessata che sia l'effervescenza, si raffreddi con

una

una o due secchie di acqua nuova, e gettinsi nella caldaia 9 ℔ di buon allume romano, ridotto in pezzi grossi come noci.
Tostochè sarà disciolto l'allume, si mescola col rabbio, si tuffa la lana maneggian-
dola cogli uncini, e rivoltandola molte volte per una mezz'ora. Si accresca un poco
il fuoco per tener l'apparecchio tra caldo
e bollitura per ¼ di ora, poscia si faccia
bollire vivacemente per 10, o 12 minuti, si levi via, e si sgoccioli la lana, lasciandola star così tutta la notte per tingerla l'indomani.

Tal mordente non porge a' colori la stessa solidità come le terre metalliche, ma il
difetto viene compensato dal risparmio, e
dal lucido che dà ad alcuni colori. Questo
è unico, esempigr. per alcuni gialli tratti
dall'oricello delle canarie che si vogliono
cambiare in color di rosa, a un di presso
saldo e durevole, coll'avvivar la roba negli
acidi vegetabili, o minerali, allorchè il
drappo sia ritornato dal follo, o *purgo*.
Ecco la riduzione delle dosi surriferite pel
saggio in piccolo, dove debbono essere
minori, che nell'operazione in grande.

In una bottiglia e mezza di acqua bollente si gettino, a prese, 12 grani di tartaro
in polvere, si calmi il bollimento con mezzo
bicchiere di acqua, e col diminuir il fuoco. Si fondano 36 grani di allume romano in polvere, poscia immergansi 4 dramme di lana purgata, maneggiando tra caldo, e bollitura per un' ora, e si levi
via dopo tre, o quattro minuti di ebollizione,

ne . Tal apparecchio si dirà A T, cioè allume e tartaro .

Per lungo tempo ho cercato di combinar
alcuni mordenti del cotone con quelli della
lana, specialmente impastandola a freddo
nella terra di allume, o in alcune terre
metalliche precipitate coll' acqua di potassa, ovvero facendola cuocer nel bagno ridotto chiaro in una decozione, del quarto
del suo peso, di sterco di pecora ridotto
in polvere asciutta. Sì nell' uno che nell' altro caso si lascia asciugar la lana così intrisa, poi lavasi, e si lascia ben sgocciolare ; ma tal operazione richiede molto tempo, e mano d'opera. La lana si altera in
così fatte manipolazioni, e pochissimo numero di prodotti ci compensa di somiglianti discapiti. Si vedrà poi in quali circostanze mi sono riusciti tali apparecchi, che
qui rammento colla speranza che altri possano un dì profittarne di più.

Nel supplemento poi, che fece il valente sig. d'Ambournay all' egregio suo libro
nell' anno 1788, si ritrovano altri mordenti, ch'essendo, come ognuno vede, l'anima
della tintura, noi crediamo di doverli re-
car in italiano a comodo degl' intelligenti
tintori, che vorranno attender alla perfezione dell' arte loro.

Soluzione della Galena, in francese Alqui-
faus, che serve a vasaj per dar la ver-
nice alle loro stoviglie. Chiamasi da Wa-
lerio Plumbum tesio-nigrum splendens,
tessulatum. Galena tessulata.

In due dramme di acido nitroso fumante gettai a un tratto 18 grani di galena
ridotti in polve grossa, e posi la boccia
sopra cenere calda. Appena fu riscaldata,
che il mestruo disciolse la miniera in una
mezz'ora. Un'ora dopo si precipitò un
magma bianco, e il mestruo riprese il suo
colore, e naturale trasparenza.

Ne feci un apparecchio per 4 dramme
di lana, dopo aver scossa la boccia per ri-
mescolar la posatura. La terra metallica
si è affatto distesa nell'acqua, e la lana
ne uscì soltanto imbrattata di un giallo ar-
rugginito, e senza vivezza. In un bagno di
due dramme di buona robbia vi misi una
dramma di lana preparata con questo mordente, ed essa pigliò sul principio un giallo aurora molto buono, poscia un bruno che
la lunga bollitura convertì in *Carmelita* nativo, lucido, il quale poco acquista a farlo ripassare in un bagno di bacche secche
di frangola, e di pioppa *cipressina*, tanto
opportuno per avvivare, e far lucenti gli
altri colori.

In un bagno di una dramma di campeggio ridotto in pezzetti, vi ho posto una
dramma di lana con questo mordente, che
mutò il bagno in giallo, e la lana prese
un

un muschio troppo saldo, ma poco trasparente.

Nuova soluzione di stagno.

In un'oncia di acido marino, o muriatico, e due dramme di acqua forte delle
bottiglie, feci sciogliere a caldo in 4 ore
una dramma di stagno in fettucce. Il mordente ordinario della lana con tal soluzione, mi somministrò in un bagno di un peso e mezzo di buona robbia, la miglior
imitazione dello scarlatto, e il bagno restante mi diede ancora un bel tuono *au-
rora-cappuccina.*

La lana del medesimo mordente in un
bagno di tre dramme di scorza di betula,
e di un'oncia di bacche mature, e fresche
di *Ligustrum vulgare* vi prese un buon colore cannella-aurora.

Altra soluzione di stagno.

In 2 once di acido muriatico, e altre 2
once di acido nitroso, e due dramme di
acqua pura colla semplice esposizione al
sole nel mese di maggio fece sciogliere 2
dramme e mezza di stagno, lo che corrisponde all'incirca a $\frac{1}{4}$ del peso del mestruo. Tale apparecchio assai buono pei
legni, riesce mediocre per la robbia, poichè la riduce troppo al giallo.

Altra soluzione dello stesso metallo.

L'illustre Maquer diceva nel suo Diziona-
na-

nario che in due terzi di acido nitroso, e
in un terzo di acido marino aveva disciolto col tempo, e senza fuoco, dello stagno
uguale in peso a quello del mestruo. Pigliai adunque 2 dramme di acqua forte, e
una dramma di acido marino, in cui mi
proponeva di sciogliere tre dramme di stagno, ma dopo aver posto, per 24 ore,
2 dramme, e 18 grani, trovai una posatura nel fondo del vaso, nè ebbi coraggio di tirare innanzi. Per altro la lana
preparata con questo mordente che chiame-
rò *S assai forte*, mi riuscì bene in un bagno di robbia, in quelli di fernambuco,
di campeggio, e di pioppa *cipressina*, ma
in meno di 15 giorni la soluzione ha presi i colori dell'Iride.

Dissoluzione di stagno, indicata dallo stes-
so Maquer per apparecchiar la seta, ch'
egli tingeva in colore di ciriegia, colla
cocciniglia.

In 4 dramme di acqua forte, e 2 dramme di spirito di sal marino, si gettino a
poco a poco fino a tre dramme di stagno,
cioè fino alla metà del peso del mestruo.
La soluzione ha da essere di color bruno
carico, senza comparire torbida.

Secondo questi dati mi sono formato di
questa soluzione tal quantità da riempiere
$\frac{1}{4}$ di bottiglia, di cui mi son servito con
felice esito per 10 mesi. Chiamerolla col
titolo *lana vergine intrisa con S*.

Tentai tosto di applicar somigliante ma-
ni-

nipolazione alla lana per tingerla in color
di ciriegia colla cocciniglia, il che mi è riuscito; ma sì bello e prezioso colore sarebbe
troppo caro, se non si avesse l'occasione di
metter in uso i resti de' bagni di cocciniglia.
glia. La prima tintura ha l'intensità delle belle ciriegie di Montmorencì assai mature, l'occhio vi si trova molto contento,
e tal colore verrebbe a formar de' vestiti
più nobili di quelli di scarlatto. La seconda tintura ancora è un leggiadro e dolce
atto, o tuono di ciriegia, meno intenso,
ma che non offende la vista come lo scarlatto, e questa seconda scemerebbe di un
terzo la spesa della prima. Colla speranza
di avvicinar questa seconda tintura, econo-
micamente adoprando il legno di fernambuco, ho intriso, lana vergine in questa soluzione, poi avendo spremuta e lavata in
una sola acqua, ne tuffai una dramma
in un bagno del suo peso di scorza secca di betula, e di 36 grani di fernambuco. Dopo tutt' i pronostici più favorevoli,
la lana è sortita molto egualmente tinta
in cremisì chiaro, ma senza avere gran lucido, quindi inferiore alla mia antica imitazione dello scarlatto di Venezia.

D'altronde mi sono assicurato per moltiplici operazioni di cui ne darò contò, che
tale apparecchio riusciva quasi tanto bene
quanto quello marcato con S $\frac{1}{4}$: inoltre lo
ritrovai più accorcio per le prove in piccolo, stante che non addomanda nè cremor di tartaro, nè salamoia; e per conseguenza non ci espone ad errare nelle do-

E   si.

si. Dispensa altresì, da una cottura di un'
ora e mezza, necessaria per far la bollitura di apparecchio, lo che massimamente in
estate è di un gran vantaggio. Si possono a
misura delle circostanze, o del proprio de-
siderio, immergere 4 dramme di lana in tal
dissoluzione semplicemente sgrassata, o
purgata, spremerla, lavarla, e in meno di
20 minuti essa è in caso di ricevere la
tintura. Per altro tal mordente consuma
una maggior quantità di soluzione, poiché
per quanto spremasi la lana, ne ritiene
sempre una porzione sovrabbondante, che
pur si perde nelle necessarie lavature. Tal
perdita, a dir vero, si diminuisce col risparmio del cremor di tartaro, e della salamoia, e di un'ora e mezza di consumo
di legna. Resta dunque a sapere se fosse
da eseguirsi in grande. Ecco quanto crederei opportuno per poterlo fare.

La soluzione così saturata di stagno è sì
poco corrosiva, che non altera punto nè la
tessitura, nè il colore della epidermide,
nè delle ugne delle mani; quindi non vi
ha pericolo alcuno per gli uomini che si
impiegano nella intrisione della lana.

In un gran tino, e forte, di legno bianco, e singolarmente di legno di pioppa
tremula, si getterebbero a un tratto 2, o 3
℔ di lana ben rasciutta dalla sua lavatura
di sgrassamento o di purgamento, si umet-
terebbe con la soluzione; e una persona
con zoccoli netti la pigierebbe con i piedi, come appunto si fa pel cotone, volendo prepararlo, e disporlo a ricevere la tintura

tura rossa. Successivamente se gli darebbe dell'altra lana, finchè fosse passata pei piedi tutta la quantità che si richiede per una pezza di panno. A misura che la lana s'inzuppasse della soluzione, un'altra persona fuori del tino la rivolterebbe per metterla sotto i piedi dell'uomo pigiatore, finchè tutta la massa venisse ad esser ugualmente intrisa. Se tutta a un tratto non si potesse maneggiare, si farebbe a parte a parte, come sarebbe di 15 ℔ per ogni tino, e crederei che questo dovesse essere il metodo più sicuro.

Rimarrebbe a spremere gagliardamente la lana per trarne più soluzione che fosse possibile, e per ciò fare, ecco quanto immaginai per torcere il cotone nell'apparecchio di rosso di buona tinta, onde risparmiar la man d'opera, e che applicar potrebbesi anche alla lana. Aveva fatto fare un barile senza fondi e senza pancia, formato da doghe strette, di legno bianco, grosse 2 pollici, tutte foracchiate con succhiello, e tanto ripetuti i fori, quanto che non pregiudicassero alla resistenza nella pigiatura. Questa sorte di *manicotto*, diciamolo così, avea quattro cinture, ognuna di essa formata da tre cerchi del medesimo legno di pioppa, cioè una per ogni estremità, e due in distanza prese ugualmente sopra tutta l'altezza. Il manicotto stava in piedi sopra un vaso proporzionato, si riempiva di matasse di cotone appena uscite da' bagni de' mordenti, si collocavano diligentemente per facilitar l'eguaglianza

E 2   del-

della pressione. Allorch' era pieno, si metteva un coperchio del medesimo legno bianco ben corredato di traversi, che aveva un pollice di meno di diametro di quello del manicotto. Nel centro del coperchio si faceva discendere il tronco di una vite perpendicolare, che si andava stringendo a misura che uscivano gli zampilli de' mordenti pei fori, e pel liquore, era condotto pei canali del vaso in un mastello destinato a riceverlo. Allorquando tre operai, applicando le loro forze riunite alla rota della vite non potevano più farla discendere, si credeva la pressione sufficiente. Allora si cercava di sollevar la vite, si ritirava il coperchio, e le matasse di cotone spremute quanto mai, si distendevano sulle pertiche per farle asciugare con risparmio notabile di tempo, e di man d'opera.

Sono persuaso che tali ordigni saranno i soli atti a spremere la lana in grande, ed a risparmiar la soluzione la quale è buona per intridere nuova lana, finchè sia tutta assorbita.

Acqua regia, fatta secondo le regole di M.r Sage.

In 4 dramme di acqua forte feci fondere pian piano una dramma di sal ammoniaco, poi vi gettai dello stagno in fettucce, che senza aiuto di fuoco, sebbene ne' primi giorni di marzo, si disciolse con somma effervescenza. Si ridusse però ben presto in calce precipitata nel fondo
do

do del vaso, e ne ho attribuito l'inconveniente al soverchio acido dell'acqua forte
adoperata, quindi vi aggiunsi una ¼ dramma
di acqua pura. Allora sulle ceneri calde
feci disciogliere in 4 ore 52 grani di stagno, e tutto il precipitato si dileguò.

Ne feci l'indomani un mordente ordinario di tal dissoluzione sopra 4 dramme di
lana; una parte messa in un bagno di robbia vi pigliò un mordorè aurora molto vivace. Un'altra porzione tuffata in un
bagno preparatorio di scarlatto, lo spo-
gliò affatto di bagni coloranti, e riuscì di
un ciriegia sì eguale e sì vago, che non
fu mestieri farla ripassar nel bagno detto
Rougie. Poscia andò nel follo questa lana, ove restò anche più abbellita, dando-
le leggermente del cremesí.

Adoperando in appresso acqua forte meno concentrata per tal dissoluzione, la ebbi limpidissima, e senza alcuna posatura: lo stagno vi entrò per ¼ del mestruo,
e la celerità dell'operazione forma un'altra parte del suo pregio. Sarà marcata S ¼,
o S ammoniaco.

Ecco dunque tutt'i migliori mordenti
fino ad ora ritrovati in Francia, i quali
ognuno può sperimentare con picciolissima
spesa valendosi di dramme ec. ec. e ritro-
vandosi utili si possono applicar in grande
nelle tintorie. Premesse tali notizie sui
mordenti, da cui dipende la solidità delle
tinte, estrarrò dall'opera del d'Ambournay tutto ciò che vi sarà di più vantaggioso, senza fermarmi punto sulle piante no-

stra-

strali, o esotiche, o materie nostrali, o forestiere, che non riuscirono, o che diedero colori poco pregevoli.

Alaterno con foglie grandi. *Rhamnus-Alaternus*. Presi 3 once di minuti rami giovani colle foglie fresche, furono tagliuzzati colla macchina a coltelli, li feci cuocere per un'ora e mezza, in una bottiglia di acqua. Ridotto a chiaro il bagno, lo ritrovai giallo-fondo, e messavi una dramma di lana col noto mordente L F in mezz'ora tra caldo e bollitura, prese un bel giallo *souci*, che regge sì a ⅟₄ d'ora d'immersione a freddo nell'aceto, come nell'acqua di sapone. Ho osservato che, levata via questa lana, il bagno non era sporco, nè torbido, e quindi vi ho posta un'altra dramma collo stesso mordente, che nello spazio di 45 minuti, 15 de' quali con bollimento, pigliò un bel *souci* un po' olivastro, colore squisito per i velluti di Vorecht, e per i cammellotti di lana di capra. Levata che fu, mi avventurai a metterne nel bagno restante una ⅟₂ dramma, che in un'ora e mezza di bollitura, vale a dire fino a consumazione quasi intera, venne tinta in un bel souci-muschio-d'oro.

Ih un nuovo bagno simile vi misi una mostra di velluto bianco di cotone purgato, messo alla galla, e alluminato, pesante una dramma. Esso prese un giallo verdastro passabile, e molto saldo. Un'altra dramma di lana, messa dopo nel resto del bagno, n'è sortita dopo mezz'ora senza bollire, tinta in quel bel giallo di *viole doppie*

pie della specie grande *Cheiri Grandiflorus multiplex*. Una mezza dramma della stessa lana rimessa nel resto, pigliò in un'ora e mezza di bollitura un *souci mordorè*.

In un'altra prova presi de' rami giovani, o di un anno, e dell'alaterno marcato dal Du-hamel per *minori folio*, che avea fatto seccare all'ombra con sue foglie. Tagliuzzati che furono, ne pesai 2 once, e posti in una bottiglia di acqua l'hanno colorita anche a freddo in bel giallo. Li feci cuocere per un'ora, e, nel bagno ridotto chiaro, vi misi una dramma L. (che vorrà significar lana in avvenire) col mordente L F, a cui tra caldo, e bollitura per mezz'ora, comunicò un giallo giunchiglia trasparente e ben saldo. Una seconda dramma bollita per mezz'ora sortì di un buon colore giallo, ma più opaco. Una semidramma messa per la terza volta dopo ¼ d'ora di bollitura acquistò il mordorè.

Anche il *Thuya Occidentalis*, o del canadà danno i medesimi risultati dell'alaterno. Il *Thuya orientalis*, e della China, non ostante la sua esterna rassomiglianza col primo, non serve per ora alla tintura.

Calycanthus floridus. 2 Once de' suoi giovani rami senza foglia, sieno freschi, o secchi all'ombra, tagliuzzati, e cotti per un'ora in ¼ di bottiglia di acqua, mi diedero un bagno mordorè chiaro. Esalava il più delizioso odore di spezierie raunate, come di garofani, noce moscata, e cannella. In ¼ d'ora, senza bollire, una dramma di L.

E 4   L F

L F vi prese un color giunchiglia solidissimo. La seconda, messa nel restante bagno, prese dopo un'ora di bollitura un color marrone, e la terza ridotta a semi-dramma, bollendo 2 ore, vi pigliò un muschio carico.

L'albero di Giuda, detto da' Botanici *Cercis siliquastrum*, uno de' begli alberi da coltivarsi, dà materia alle tintorie. 2 Once de' suoi giovani rami, tagliuzzati e cotti in ¼ di bottiglia di A (in avvenir acqua) han comunicato a una dramma di L. L F in 3 ore di bollitura un prezioso colore di tela Nankin saldissimo.

Robinia, *Pseudo Acacia*, volgarmente *Gacía*. Questo grande e bell'albero, utile per la durezza del suo legno, e grazioso per l'odor soave de' suoi fiori, si moltiplica facilmente con i suoi semi, e per i polloni ch'escono naturalmente dalle sue radici. Il suo rapido accrescimento, e la facilità ad accomodarsi in terreni secchi, lo rendono assai pregevole (1), e non è men da pregiarsi per la tintura. Due once del suo grosso legno secco, diviso con i coltelli, e cotto per 2 ore in una bottiglia di acqua, han dato a una dramma di L. L F un giallo di viola, tanto lucido, come quello dello scotano. Il suo colore si fa veder lentamente; fatto che sia il bagno, non s'insudicia, ed è utile fino a una goccia, talchè la 3za lana riesce tanto colorita,

quan-

---

(1) Così ne pensa anche il traduttore appassionato pel medesimo albero.

quanto la prima, e inoltre tinge molto più ugualmente dello scotano.

Se la dose del legno sia forte, cioè 4, o 5 once di legno grosso, e vi si lasci bollire la L. per 4 ore, acquista un color muschio d'oro bellissimo, di cui si possono variar la intensità e i tuoni a piacere, colle dosi del legno, e con la durata del bollire. I rami giovani, usati freschi, comunicano all' L. giallo di limone più, o meno colorito secondo la quantità e il tempo che si consuma ad estrar il bagno.

La *Robinia Hispida*, cioè i suoi rami giovani in ¼ d'ora in bollitura. La L. L F acquista un bel color Nankin, e in 3 ore di bollimento un cannella dorato da resistere all'aceto, come anche al sapone a freddo. *Betula Alnus*. Alno, volgarmente *Oner*. Oltre i molti usi per cui si raccomanda così fatto albero, i tintori ne cercano la scorza pel color nero quando si aggiunga al suo bagno la soluzione di vetriolo di ferro, o la ruggine del ferro vecchio, decomposta negli acidi vegetabili.

2 Once di scorza, o 3 once di rami giovani freschi, tagliuzzati e cotti in bottiglia di A. per un'ora e mezza, mi diedero un bagno giallo di viola gialla, e ridotto chiaro. Avendovi posta una dramma di L. L F, maneggiata per 30 minuti tra caldo e bollitura, pigliò un giallo viola poco lucido, e dimorandovi di più con piccolo bollimento, si è mutato in un assai bel colore merda d'oca dorato.

Aggiungendo un po' di vetriolo verde,

o' meglio ancora, alcune gocce di soluzion
di ferro nel resto del bagno, si ha dalla
L. L F un grigio giallastro squisito per le
mezze tinte e ombre delle carni per le fi-
gure degli arazzi. La L. col mordente A T
vi acquistò un grigio carico, cioè allume
e tartaro, come altrove. Un' oncia di rami
giovani ben secchi all' ombra, polverizzati,
cotti per un' ora e mezza in $\frac{1}{4}$ di una bottiglia d' A ha dato un bagno giallo falbo
molto buono e copioso. La L. col mordente S al peso di 1 dramma, pigliò in 2 ore
di bollitura un color vigogna un po' falbo.

Un' oncia di corteccia secca all' ombra
polverizzata, cotta per un' ora e mezza in
$\frac{1}{4}$ ec. diede un bagno giallo mordorè, e aggiungendo a un di presso una parte uguale
di cotta di legno campeggio, e mettendovi
una dramma L. preparata con mordente
composto da 6 grani di soluzion di rame,
da 6 grani di stagno, e da 6 grani di bismuto, e da due gocce di soluzione di ferro (il
tutto per apparecchiar 4 dramme di L),
una dramma di L. tuffatavi pigliò un color
di fango di Parigi, molto intenso e saldo.

Mespilus inermis. Nespolo. 2 Once di
sua fresca scorza, cotte per 2 ore mi han
dato in una dramma di L. L F un color di
cotone del Siam un po' dorato, molto leggiadro. 3 Once di suo legno di fresco scor-
zato, cotte per 3 ore, han dato il medesimo colore, ma più intenso, e tirante al
muschio. Il miglior uso sta ne' rami giovani tagliati di recente e ben tagliuzzati.

Cra-

Cratægus Terminalis. I suoi rami di un anno danno un bagno di color di albicocca, nel quale in mezz'ora di bollitura la L. L F acquista un color di carne leggero, poi in 2, o 3 ore di ebollizione un muschio rossiccio molto saldo.

Cynara Scolymus. Carciofo. Una manata di sue foglie tagliuzzate e secche, cotte per un'ora in una bottiglia di A somministra un bagno, che ridotto chiaro comunica in un'ora di bollitura a una dramma di L. L F un giallo di viola molto bello, che colla lunga bollitura si muta in color vigogna dorato ben resistente.

Agrimonia Eupatoria. Agrimonia. Una buona manata di sue foglie, e gambi cominciando a fiorire, tagliuzzate, e cotte per un'ora e mezza in una bottiglia di A mi diede un bagno di un giallo carico, dove una dramma di L. L F prese in 3 ore di bollitura un bel colore Nankin dorato quasi cannella, vivacissimo, e saldo. Le stesse parti dell'agrimonia violacee, per la loro maturità, mi diedero un bagno falbo, che in tre ore di bollimento diede alla L. L F un colore pelo castore chiaro, e d'oro. Essa è in ogni stagione un buon ingrediente per la tintoria.

Gli esperimenti sull'amaranto non sono riusciti in verun modo al nostro autore di qualunque mordente siasi egli servito.

Prunus Armenica. Albicocco. 3 Once de' suoi rami giovani tagliuzzati, e cotti per due ore in una bottiglia di A diedero un bagno, dove una dramma di L. L F ha pigliagliato in 3 ore di bollitura un vero colore di cannella dorato.

Angelica silvestris. Questa pianta è comune ne' prati bassi, e ne' paduli. 4 Once di sue foglie, gambi, e radici di fresco colte, cotte per un'ora e mezza, in una bottiglia di acqua d'A han comunicato a una dramma di L. L F in 3 ore di ebollizione un color di vigogna d'oro molto vago, e ben saldo.

Impatiens Balsamina. Volgarmente belli uomini. Una buona manata di suoi fiori rossi ne li feci cuocere per un'ora in $\frac{1}{4}$ di bottiglia di A. Il bagno rassomigliava a un decotto di zafferano. Una dramma di L. L F vi guadagnò tra caldo, e bollitura, un giallo-carico di viola, resistente al sapone, e all'aceto. Lasciandolo bollire, il colore si oscura, e tira al verde.

Una dramma di L. preparata con soluzione di rame vi pigliò un buon color di vigogna tirante al cotone di Siam, e un'altra, messa nel medesimo bagno collo stesso mordente, vi acquistò in 3 ore di bollimento un bel muschio-marrone molto eguale, e molto saldo.

L' indomani presi una mediocre pianta di balsamina intera, ne feci un bagno che diventò torbido, ma di fondo giallo. La L. L F vi guadagnò un bel giallo verdastro trasparente, e quella col mordente di stagno soltanto un vigogna chiaro; quella col mordente di rame posta nel bagno residuo, ne prese in 3 ore di bollitura un muschio marrone più carico, che nel bagno di soli fio-

fiori. La pianta è egregia pel colore, e quella a fiori rossi semplici può seminarsi ne' campi alla fine di marzo, e usarla nella tintoría di agosto e di settembre.

Betonica officinalis. Bettonica. Una forte manata di sue foglie, e di steli in fiore mi han dato un bagno chiaro falbo, esalante odor di rosmarino. Una dramma di L. L F vi prese un giallo opaco, il quale dopo 3 ore di bollitura diventò un muschio carico, bellissimo, e saldo.

Betula alba. Betula, Bedolo volgarmente. Un ramo di 2 pollici di diametro tagliato da sei mesi, fu tagliuzzato legna e scorza al modo del campeggio. Ne feci cuocere da 3 once per 2 ore in una pinta, o bottiglia di A. Una dramma di L. L F, tuffata in un bagno chiaro di esso, vi acquistò in 4 ore di bollitura un bel colore di nocella dolce e saldo.

Il medesimo legno tagliato da sei settimane, maneggiato nello stesso modo diede alla L. un color nocella con porpora. Adoperato il giorno stesso del suo taglio, il colore era meno intenso,

La corteccia sola di tal legno tagliato da sei settimane al peso di 2 once in ¼ di pinta di A mi procurò un bellissimo bagno cannella-marrone, ma con lunga bollitura la L. non vi pigliò che un color di cotone del Siam. Vedremo poi quanto sia essa utile per il campeggio, fernambuco, santa Marta, ec.

In una semipinta di acqua feci cuocere per un'ora un'oncia di scorza di grosso legno

in

pezzetti. Allora vi gettai una dramma di vecchio oricello delle Canarie, disseccato e polverizzato. Dopo un' ora di piccola ebollizione passai quel bagno, e vi misi una dramma di L. L F che vi prese un bel colore mordorè quasi porpora, saldo al sapone e all' aceto. La fissazione di una fecula così fugace come quella dell' oricello mi diede lusinga, che la scorza di quest' albero mi sarebbe vantaggiosa per fissar il color degli altri legni coloranti forestieri, e questa speranza si verificò, come vedremo.

Siccome non vi è albero più comune ne' nostri boschi, nè di una venuta più pronta, questa qualità della sua scorza per assicurar i falsi colori è una scoperta, di cui veramente mi compiaccio; ed ho riconosciuto in appresso il vantaggio di usarla secca, più tosto che fresca. Per averne a buon mercato, non ritrovai miglior maniera quanto spogliarne gli arbori di 18, o 20 anni, i più diritti, allorchè sono in succhio. La manipolazione è quella stessa che si usa per spogliare di scorza le querce giovani, affine di far la vallonea, dovendo anch' essere le medesime l' essiccazione e la polverizzazione. La betula spoglia di scorza si rimane colle foglie il resto della stagione, e il suo tronco tagliato nell' inverno, mi parve che acquistasse della durezza.

Rhamnus Frangula. Frangola. Quest' albero particolarmente, essendo nelle macchie ridotto ad arbusto, si carica di bacche e

di betula, tagliato di fresco, e ridotto in frutti che si maturano, diventa uno de' coloranti nostrani più pregevoli. Le radici gialle di tal albero davano lusinghe di poter essere sostituite allo scotano, ma non ottenni sulla L. L F che un' oliva chiaro, e il medesimo colore, sebbene di un tuono più forte e più vivace, sulla L. A T ben asciutta dal suo mordente e dipoi lavata. Sì l' una che l' altra tinta reggono alle prove dell' aceto e del sapone.

Al principio di luglio, l' abbondanza delle bacche ancor verdi m'indusse a farne sperimento, quindi ne presi una buona manata che schiacciai ben bene in un mortaio, e le feci cuocere in una semi-pinta di A. Ne venne un bagno giallo chiaro, in cui una dramma di L. L F acquistò in mezz' ora, tra caldo e bollitura, un giallo brillante e saldo. Un' altra dramma messa dopo, e rinforzata la bollitura, tirò più al color d' aurora. Essendo poi esse bacche mature, ne presi due manate, le schiacciai colle mie mani, e la metà di esse la feci bollire per una mezz' ora. Ridotto a chiaro esso bagno, vi tuffai una dramma di L. L F, la quale pigliò un grigio di ferro azzurro quasi prugna, molto resistente al sapone, ma ineguale ed a strisce. Avendo fatto cuocer l' altra metà, vi misi un pezzo di panno bianco ed uno di *Spagnoletta*, inzuppati di mordente L F, pesanti tutti insieme una dramma. Vi acquistarono il medesimo colore, ma assai uguale, e più lucido: dipoi, tagliato il panno, mi avvi-

di

di che l'orditura stessa del panno era tinta, come anche il pelo. Tal colore si abbellisce col sapone, ma si altera un poco nell'aceto. In un terzo saggio ottenni un colore un po' più azzurro, mediante 36 grani di nitro purificato, che avea fatto fondere nel bagno; per altro l'immersione nell'aceto lo faceva tirare al violaceo. Sostituendo il vetriolo di Cipro al nitro, il panno fu tinto in merda di oca saldissimo, che il sapone rendeva più vago.

Un panno bianco con L F tinto in giallo, posto poi nel bagno di bacche mature o fresche, acquistò un verde composto che regge al sapone; ma gli acidi lo fanno un po' violetto. Facendo cuocer le bacche nel bagno restante del mordente L F, in vece di sola acqua, esse danno il color di prugna, molto men intenso, che cotte nell' acqua pura.

Un bagno con peso di acqua equivalente a 30 volte il peso delle bacche mature, adoperate subito dopo averle raccolte, e con peso uguale ad esse di roba da tingere, mi diedero in panno L F un blu opaco, che immerso nell'acido vetriolico diluto al grado dell'aceto, lo ridusse a prugna violetto. Accrescendo la bollitura, il blu si è volto in verde.

Versai nel restante di tal tintura alcune gocce di sal di stagno disciolto nell'acido muriatico. Il bagno è divenuto veramente blu, ma un nuovo panno col mordente si è tinto in verde che si alterava in tutti gli acidi. Tutte le soluzioni di stagno porta-

va-

vano il nostro colorante al verde non saldo. (¹)

Ecco l'operazione in grande. Presi 4 aune, e ¼ di panno bianco che pesavano 3 ℔, e 6 once. Le feci cuocere sul mulinello in acqua pura per ½ ora; dipoi levatele, furono lavate al fiume. Posi in una caldaia 60 boccali di acqua di pozzo, che scioglieva il sapone; e ridotta a bollitura, vi misi il mordente L F, cioè 3 once e mezza di tartaro rosso, polverizzato, e passato per setaccio di crine, e 3 once e mezza di soluzione di bismuto nell' acqua forte in ragione di un peso di bismuto in 4 pesi di acido. Inoltre 7 once di salamoia saturata di sal marino a freddo a 4 gradi del pesa-liquori de' fabbricatori di sapone. Dopo aver ben dimenato e mescolato il mordente, vi tuffai la roba, e maneggiata al mulinello tra caldo e bollitura per una mezz'ora, poi la levai, e la posi ad asciugare senza lavarla. Allora feci un bagno di 60 boccali tanto per l'acqua, quanto per 90 ℔ di bacche mature di frangola, colte di fresco, bene schiacciate colle mani senza passarle pel feltro. Il bagno non sì tosto principiò a bollire, che vi tuffai il panno, e lo trattai al mulinello per un'ora tra buon caldo

F   do

---

(1) *Nota del traduttore.* Ai lettori che vogliano internarsi nell'arte della tintura, e riflettere come il d'Ambournay va maneggiando i suoi sperimenti in piccolo, affine di trar sempre nuovi lumi in pro dell'arte, un tal esempio servirà loro perchè possano con assidue speculazioni acquistar qualche nuovo e utile risultato.

do e bollitura. Levato via, e lavato al
fiume, esso era di un blu opaco. Lo ri-
passai al mulinello, e rimesso in un bagno
freddo di acido vetriolico, al grado di un
forte aceto, rivoltatovi con diligenza per
un minuto. Levato di là, e lavato in un
tino di acqua di pozzo, per addolcire o
edulcorar l'acido, poi lavato al fiume, rimase con un atto di violaceo-blu tirante al
colore detto prugna di *Monsieur*. La tinta
penetrò intimamente la orditura di tal panno, sebbene sia stato ben follato nella gualchiera. Siccome il colore era indefinibile,
partecipando egualmente del violetto, del
blu, e della prugna, allora molto alla moda, i dilettanti lo chiamarono prugna d'
Oissel.

Ma ecco un verde nato da un semplice bagno, ed unico, di durata superiore a quella de' verdi composti. Li 14 agosto presi
27 ℔ di bacche di frangola mature, e colte di fresco, che schiacciate colle mani furono poste in 27 boccali di acqua fredda:
feci bollire ogni cosa per mezz'ora, poscia
ho posto la roba in un sacco, che fu pre-
muto sotto un torchio. Uscirono 25 boccali di un liquor violetto-porpora, che fu lasciato all'aria in vasi scoperti di maiolica.
La raccolta delle bacche non mi costò più
di soldi tre veneti la ℔.

Avendo fermentato cinque giorni dopo
il sugo, pigliai sei aune, e $\frac{1}{4}$ di spagnoletta bianca non passata per lo zolfo, pesan-
te 3 ℔, e 4 once. Posi in una caldaia 40
boccali di acqua di pozzo che scioglieva

bene il sapone, e avendo cominciato a bollire, vi immersi la roba facendo due giri pel mulinello, poi fu levata e sgocciolata.

La feci di nuovo bollire, e formai il mordente L F, vale a dire con 26 dramme di tartaro rosso in polvere, 26 dramme di soluzione di bismuto nell'acqua forte, e 52 dramme di salamoia di sal comune a 4 gradi del pesa-liquori de'saponieri. Maneggiai il panno per mezz'ora in tal mordente quasi bollente, poi lo levai, e lo misi a sgocciolare.

Votai la caldaia da'rimasugli del mordente, e vi versai 25 boccali di sugo violetto in fermentazione delle bacche, e dieci boccali d'acqua, in tutto 35 boccali di liquido. Essendo il bagno ridotto tepido, vi gettai un'oncia di zucchero di saturno, ossia sal di saturno, che rimescolai e lasciai sciogliere finchè il bagno fosse caldo a segno da scottar le dita. Allora vi tuffai il panno preparato, e diligentemente ravvolto nel mulinello, ve lo girai per un'ora e mezza tra caldo e bollitura, dopo di che lavato al fiume, lo ritrovai tinto ben egualmente in verde di prato nascente, atto medio tra il verde pappagallo, e verde-prato. Il colore non si alterò nè a secco, nè sotto il mangano. Calcolai che ogni auna mi verrebbe a costare 21 soldo e 3 denari, cioè 42 soldi e 6 denari all'auna, moneta veneta. Tal colore grazioso si altera poco, immerso per $\frac{1}{4}$ d'ora in gagliarda saponata, e in mezz'ora d'immersione nell'aceto freddo.

F 2

Fc-

Feci un altro sperimento con 6 aune di spagnoletta bianca, non passata per lo zolfo, ma preparata col mordente surriferito, tinte in 36 ℔ di bacche spremute due giorni prima, cioè nel principio di lor fermentazione: quindi il bagno era molto più violetto dell' altro, vi feci fondere un'oncia di zucchero di saturno, e impastar la stoffa per un'ora e ¾; da ciò ne nacque un verde più intenso, anch'esso saldo, e di buona tinta, ma men lucido del primo. Ciò non ostante il celebre Macquer, facendo applauso sì all'uno che all'altro, diede la preferenza all'ultimo.

Siccome i rimasugli de' detti due bagni parevano che contenessero ancora materie coloranti, li ragunai nella stessa caldaia con 9 boccali di sugo provenienti da 9 ℔ di bacche fermentate. 6 Aune e ¼ di panno preparate con mordente furono maneggiate nel bagno, ed uscirono ancora tinte in un bel verde tra mela e pappagallo, che divenne grigio dopo aver servito per due anni in forma di abito.

Tal verde nativo facendomi vedere che dopo la fermentazione vinosa delle bacche di frangola non rimaneva più che del blu e del giallo (componenti del verde come si sa) mi posi in mente di far dileguare il giallo, il che se mi fosse riuscito, avrei conseguito il blu, scopo di mie ricerche; ma nè l'acescenza, nè la putrefazione, nè la giunta di materie saline e metalliche mi han saputo procurar somigliante vantaggio. Qualche altro artista più destro di me

lo potrà conseguire, poichè credo la cosa
possibile. Aggiungasi, che i merli i quali
han mangiato di tali frutti maturi, o bacche, dopo averle digerite le scaricano blu
senza porpora, nè giallo. Sarebbe a vedere di qual indole sia il sugo gastrico di tali uccelli (Bella riflessione, degna di ogni
buon fisico, o naturalista).

In un piccolo bagno di sugo fermentato
di bacche, vi ho versata la metà di un cuc-
chiaio da caffè di soluzione saturata di sal
ammoniaco, e la stoffa col mordente L F
vi prese un bel colore di verde Sassonia,
resistente al sapone, e che si fa rosso coll'
aceto.

Il vetriolo di ferro lo muta in oliva
opaco, ma di buona tinta. La lana, o panno impastato nella terra di vetriolo di Cipro, precipitata coll'acqua di potassa, poi
rasciutta e lavata, indi tuffata in un bagno
di sugo fermentato, vi acquistò un violetto
bruno opaco, o una sorte di color *pulce* che
resiste a tutto. La L vergine intrisa nel
terra precipitata dell'allume, e in un po'
di bismuto, rasciutta, lavata, e tuffata nel
bagno di bacche, vi pigliò un grigio-oliva-
stro assai vago. Esso sugo, essendo passato
dalla fermentazione vinosa all'acetosa, e
quasi alla putrida, dà alla L, o panno L F
un verde pappagallo molto grazioso, anzi
continuando la bollitura, si guadagna un'
oliva-carico, che si abbellisce colla sapona-
nata, ed anche coll'aceto.

Le bacche di frangola colte mature, e
custodite per 11 giorni sopra una tela all'

aria aperta, sono state cucinate nell' acqua
resa acida coll' acido vetriolico, in cui avea
fatto sciogliere della marna. Da tal cottura risultò un bagno rosso-porpora superiore a quello della cocciniglia; ma la L,
L F non lo prese punto. Nel rimanente di
tal bagno vi ho posta una dramma di L,
A T e prese un *verde-ronce d' Artois* assai
trasparente, saldo sì al sapone, come all'
aceto, leggiadro e ottimo colore. La somma bontà di questo colorante in violetto,
in blu, e verde faceva desiderar di conser-
varle per tutto l' anno, e quindi ho adoperati i seguenti mezzi.

Pigliai 140 ℔ di bacche mature, che feci pigiare, come si fa dell' uva, in 144
boccali di acqua, a feci bollir il tutto per
una ½ ora, poi ridotto a chiaro feci passare il liquore per un canovaccio. La posatura riposta in un sacco, fu messa sotto un
torchio, da cui risultarono 136 boccali di
sugo violetto, che travasai in una botticella
senza turarla. La fermentazione vinosa vi si
è tosto introdotta, e subito che scemò, si
turò la botticella. Tal sorta di vino mi
servì a tignere in verde con vantaggio per
3 mesi, ma dopo tralignò, e sebbene il
vino si conservi più di 2 anni, esso non
serve ad altro, che a dar la trasparenza
a' colori bruni, o gialli in cui si faccia
entrare. Forse raddoppiando la dose delle
nostre bacche colla stessa quantità di acqua,
potrebbe darsi che si mantenesse la sua forza tintoria.

L' essiccazione delle bacche mi diede,

sul

sul principio, la speranza di un successo più durevole, e quindi ponendole in un forno prima di far loro subire la fermentazione, arrivai a renderle asciutte e durevoli. Avendo riconosciuto che perdevano ⅖ del loro peso, me ne feci una regola per adoperarle. Ne' primi saggi fui sorpreso nel vedere che aveano conservata la proprietà di tingere in prugna d'Oissel, e credetti di avere un ottimo succedaneo al legno di campeggio, ma tal'illusione dileguossi alla fine di un mese, in cui non mi diedero se non se un verde olivastro. Nientedimeno avendo rilevato che il vino di frangola avea la proprietà di render trasparenti e cangianti tutt'i colori a cui veniva congiunto, mi consolai con ciò che mi restava. Esso vino può essere raccolto, e posto con poca spesa in istato di conservarsi in paesi lontani dalle città grandi, e dalle manifatture, e potrà dar qualche soccorso a vecchi e ragazzi poverelli, se verrà fatto per venderlo a' tintori. In 3 bicchieri di tal vino tenuto da un anno, feci cuocere 36 grani di robbia. Una dramma di L, L F prese un bellissimo atto di color carmelita, ed è questo uno de' mezzi di procurarsi tal atto di colore più facilmente; 4 dramme di bacche mature e secche, cotte in semi-pinta di A per un'ora, han dato un bagno, in cui il panno L F pigliò un giallo di viola-olivastro. La L, A T passata per una pappa di sterco di pecora, vi prese il medesimo colore, ma men intenso; la giunta per altro di robbia diede un bel *mordorè*.

Mal-

Mallo di noce. Io l'ho adoperato fresco, e tostochè staccavasi dal legno del frutto. In tale stato 2 once peste in un mortaio, cotte per un'ora in $\frac{1}{4}$ di pinta di A mi diedero un bagno bruno-lavagna, che in mezz'ora tra caldo e bollitura, e $\frac{1}{4}$ di ebollizione somministrò a una dramma di L, L F un marrone carico, sorta di nero-azzurro solidissimo. Essa è la più bella brunitura che si possa adoperar per gli arazzi, perchè non è un tuono crudo e morto, come il nero, e non entrandovi vetriolo, non ingiallisce collo stare all'aria. La stessa dose di mallo fresco, cotta con una dramma di vetriol di rame, ha generato un bagno sporco, che diede a una dramma di L., collo stesso mordente, un bel marrone da reggere a ogni prova.

La stessa dose cotta per un'ora senza bollire, poi mischiata con 2 parti di *vino frangola*, comunica un oliva-nericcio, e opaco, ma saldo. Un po' di soluzione di ferro forma un mordorè nero ben saldo.

Erica vulgaris. Erica. 3 Once de' suoi rami legnosi ridotti in pezzetti, cotti in una bottiglia di acqua per 2 ore, han dato un bagno che passato per tela, comunicò alla L, L F in 2 ore di bollitura un bel colore di nocella carico. Il bagno non si sporca punto, e può servir fino all'ultima goccia. La L, col mordente S, cioè $\frac{1}{8}$ in parti eguali dl acido nitroso e marino, in 12 dramme di erica appassita, e cotta per un'ora e mezza in $\frac{1}{4}$ di pinta di A, cioè una dramma acquistò un bel color limone lucido,

do,

dò, che continuando la bollitura ſi reſe giallo-trasparente di viola un po' verdastro. Sì il nocella, come il limone ſono costanti nell'aceto.

In una pinta di acqua feci un bagno con 3 once di erica appassita, e un'oncia di bacche secche di frangola. Il bagno ridotto chiaro, diede a una dramma di L e ad una dramma di panno col mordente S surriferito un bel giallo viola-maure ben trasparente e cangiante. Inoltre in una pinta di A un'oncia e ½ di tal'erica, e un'oncia di paglia di Sarassino han formato un bagno, in cui la L e il panno col mordente S di sopra indicato, pigliò un vago giallo-trasparente, che resse per 24 ore immerso nell'aceto. Tal ingrediente è sì a buon mercato, che gli esposti sperimenti li riguardo come importanti. I suoi tentativi per tingere il cotone coll'erica non furono felici.

Gallium verum, & *Gallium Mollugo*. Tal pianta nasce spontaneamente nelle macchie chiare, ed a' piedi delle siepi. La parte colorante non dimora che nella scorza di sue radici, quindi fa d'uopo adoperarne tre, o 4 volte di più della radice di robbia, non costando altro che trarle dalla terra. Tali radici sono un buon supplemento alla robbia, che mi han dato, sieno fresche, o in polvere secca, tutt'i tuoni medesimi colla L di mordente S.

Gallium. Mollugo, o sia a fiori bianchi dà a un di presso i medesimi atti. La L, L F piglia tutt'i rossi bruni; e la L.

L. A T i rossi i cannella. Le sue radiche sono un po più grosse di quelle a fiori gialli.

Anthemis cotula. Camomilla fetida. Una manata di sue foglie, e gambi fioriti diede a una dramma di L, L F un giallo verdastro che regge molto alle prove, ec.

Campeggio, o sia legno ec. ben noto a tutt' i tintori. M. Giroz fu il primo a fissarlo con un suo mordente, che ritiene per se, e che non è noto. Ecco come potei fissar il colore del campeggio. Primieramente in ⁴⁄₄ di pinta di A di pozzo feci cuocere per un'ora e mezza un'oncia di scorza di *Betula* tagliuzzata, e 36 grani di legno campeggio ridotto in pezzetti. Filtrato che fu il bagno, vi misi una dramma di L, L F, la quale in ¼ di ora tra caldo e bollitura, vi pigliò un vero color violetto trasparente, che più si adora in 40 minuti d'immersione nell' aceto. Nella stessa quantità di acqua feci cuocere 4 dramme di scorza di betula, 4 dramme di rami giovani di pioppa cipressina, e 18 grani di legno campeggio tagliuzzato. Una dramma di L, L F vi pigliò sul principio un oliva fiacco, il qual bollendo per 3 ore, si mutò in fango di Parigi quasi nero, e regge all'acido per una mezz'ora.

In 6 bicchieri di A feci cuocere un'oncia di pioppa surriferita, e 9 grani di campeggio tagliuzzato. Una dramma di L, L F vi prese in ¼ d'ora, senza bollire, un bel colore oliva, molto trasparente, e che resiste all'aceto per 25 minuti. Raddoppian-

pian-

piandosi la dose del legno, il colore si fa più intenso, egualmente trasparente e saldo.

In 5 bicchieri, o semi-pinta di A feci cuocere un'oncia di scorza secca, e polverizzata di bedolo, e 9 grani di campeggio: la L ed il panno con mordente S vi han preso un colore violetto-porpora, prugna *di Monsieur*, da reggere ad ogni prova, ma la L fu tinta inegualmente, laddove il panno ne uscì tinto bene. Ecco dunque il campeggio, ridotto anche per le mie cure, di buona tinta, vale a dire col mezzo della betula; e il curioso si è, che la scorza muta in rosso di sangue arterioso il color violetto del campeggio. Non sì tosto vi si tuffa la L, che la decozione diventa gialla aurora come un'infusione di zafferano, e quando la tintura sia ben fatta, il bagno restante non è più colorato che color limone pallido e opaco, quasi interamente spoglio di materia colorante.

Sopprimendo la scorza, la medesima L col mordente S non acquista nel bagno di campeggio che un violetto carico, opaco in vece del violetto prugna, ed è men saldo all'aceto, talchè la scorza ravviva a un tratto, e rassoda il colore.

Ho impedite le lacune, o ineguaglianze sulla L, preparandola con una soluzione di 18 grani di stagno sciolto in una dramma di acido marino, e in una dramma di acqua forte, e 18 grani di A. Tali sono le dosi più acconce, pei colori estratti da' legni campeggio e fernambuco, ma sono troppo scar-

se

se di stagno pei rossi di robbia, i quali non guadagnano che un bel *souci*.

In 5 bicchieri di A feci cuocere per un' ora e mezza un'oncia di scorza secca di *bedolo*, e 9 grani di campeggio tagliuzzato. Passato il bagno, e messavi lana e panno dell' ultimo mordente, sì l' una che l' altro vi han preso molto ugualmente un tuono grazioso tra la *prugna di Monsieur*, e il violetto. Siffatto tuono si nominò l'*americaine*.

In ¼ di pinta di A feci cuocer per ¼ ora di bollitura 4 dramme di scorza secca di betula tagliuzzata, poscia vi aggiunsi 67 grani di campeggio, e lasciai cuocer il tutto per un'ora. Filtrato il bagno, vi tuffai 2 dramme umide di L, L F, e vi guadagnarono il più lucido e saldo violetto che si possa mai desiderare. Operando nel modo stesso sulla L passata per il blu di tino, da 30 soldi la ℔, poi bollita in acqua semplice, e passata umida per L F, mi diede un'imitazione del *blu de Roi*, intenso e saldo. La L passata pel tino, da 30 soldi alla ℔, cotta in acqua pura, e ripreparata colla soluzione S indicata ultimamente, acquista nel medesimo bagno l'imitazione del *bleu de Roi* anche più trasparente di quella dell' altro L F.

In vece di usar la scorza, feci fondere in 7 bicchieri di A tepida 36 grani di allume romano, e vi feci cuocere per un' ora 36 grani di legno campeggio. Il bagno divenuto egualmente color di sangue, dopo averlo travasato, diede a una dramma di L, L F un un violetto saldo; ma un po' meno lucido. In luogo di allume feci fondere in sette bicchieri d'acqua del sapone bianco, poi cuocere 36 grani di campeggio con 4 dramme di scorza secca di betula. Il bagno divenne porpora, ed essendo passato, vi misi 2 dramme di L bianca tuttavia umida dal mordente L F, che si rese quasi nera. Finalmente tra tutte le dosi da me provate per la scorza di betula, come avvivante, la migliore si è quella di 4 volte il peso della L se essa è secca, tagliuzzata, e polverizzata, e di 7 volte se sia fresca, e ciò non ostante l'effetto è sempre minore.

Capsule del faggio. Presi 3 once delle più recenti aperte, che pestai in un mortaio, ed ho fatto cuocere per 2 ore in ¼ di pinta di A. Ne nacque un bagno che distinguesi per molto odore e un poco di sapore di garofani. La L, L F non vi acquista in 3 ore di bollitura che un giallo-camoscia assai saldo.

Fagus Castanea. Castagno. 3 Once di sua scorza fresca, tagliuzzata e cotta in ¼ di pinta di A per 2 ore, han somministrato a una dramma di L, L F in 3 ore di bollitura un molto leggiadro muschio-carico e saldo.

Quercus Robur. Quercia. La corteccia del legno giovane tagliato da 6 settimane dà alla L, L F un *tanè* foglia morta molto vago. Il legno e la scorza de' rami giovani dà tra caldo e bollitura un color pancia di cerva, e bollendo 2 ore, un tanè chiaro.

ro. Tutti questi atti, o tuoni saldi, sono
acconci per preparar le lane al color carmelita; e ciò fatto, basta ripassar la roba
in un poco di robbia, di pioppa, e di bacche secche di frangola.

La canapa ha dato un bagno giallo copioso assai, ma convien ripescar un mordente particolare atto a fissar tal fecula.

Clematis Vitalba. I suoi sarmenti tagliuzzati, e cotti per 2 ore, danno un giallo a
un di presso come quello delle radici della
frangola.

Pinus Maritima. Le pigne giunte che
sieno a maturità, lascian uscire i pinocchi;
in tale stato pigliai 2 once della pigna vota, la tagliuzzai sotto un mulino a coltelli, e le feci cuocere per 2 ore in ¼ di pinta di A. Ne risultò un bagno marrone rossiccio molto ricco, ma una dramma di L,
L F non vi guadagnò anche in 3 ore di
bollitura, che un colore di cotone di Siam,
nocella tenero da reggere ad ogni prova.
La materia è così vile, che se ne dee far
conto.

Cruciata Lusitanica, latifolia flore albo.
Fino dall' anno 1765 avea scoperte nelle radici di tal pianta le qualità tintorie di quelle della robbia; e la mia memoria sulla
coltivazione di essa pianta fu stampata nel
secondo Vol. della Società reale d' agricol-
tura di Roano. Tal ingrediente supplisce
a peso uguale alle radici della più bella
robbia.

Della Curcuma, o terra merita l' autore
non ne fa molto caso, poichè da' vegetabili

li nostrali ci siamo procurati de'gialli molto migliori, e di minore spesa.

Acer Campestre. 3 Once del suo legno grosso fresco, tagliuzzate e cotte per 2 ore in una pinta di A, mi diedero un bagno, mentre una dramma di L, L F in 3 ore di bollitura pigliò un color nocella-cotone di Siam, che regge assai. Lo stesso peso di sua scorza, trattato nell'istessa maniera, comunicò a una dramma di L, L F un rosso bruno molto analogo a quello della robbia comune. L'esser passato per la gualchiera, lo rese *marrone rosè*, che s'indora un po' nell'aceto. Una semidramma di L col mordente A T, posta nello stesso bagno vi guadagnò un rosso più giallo, e più cannella.

Legno fernambuco. Il primo a fissar il color di legno brasile fu M. Giroz; nè si conosce il suo modo di fissarlo; nientedimeno il sig. d'Ambournáy vi è riuscito, e tralasciando di rammentare i mordenti preziosi, che ridurrebbero le tinture di eccessivo prezzo, e però ineseguibili in grande, egli si rivolge alla scorza secca di betula. Feci cuocere, dic'egli, in $\frac{1}{4}$ di pinta di A per una mezz'ora, un'oncia di scorza secca di *bedolo* ridotta in polvere, ma grossolana. In questo bagno ridotto tra caldo e bollitura, vi posi 18 grani di polvere impalpabile di fernambuco, e feci bollire il tutto per $\frac{1}{4}$ di ora. Ridotto a chiaro il bagno, vi tuffai una dramma di L, e di panno col mordente S, e maneggiate per un'ora e mezza a piccola ebollizione, acquistarono sì l'una che l'altro un atto *incarnata*, gra-

grazioso, roseo, e molto intenso. Si abbellisce coll'immersione nell'aceto, e regge sulla lana al sapone del follo. Si è no-
minato questo bello e saldo colore *scarlatto di Venezia*, e il suo principal pregio si
è che tinge sì la lana, come il panno. Raddoppiando la dose del legno, ebbi questo
bel colore molto intenso, onde meritar-
si il nome di amaranto, ed egualmente
saldo.

Sostituendo rami giovani verdi di betula alla sua scorza secca, 36 grani di legno
non mi han dato sopra una dramma della
stessa L, che un color di melo granato ben
saldo, ma men bello dello scarlatto di Venezia. Gioverà ripetere qui che fra tutte le
soluzioni di stagno, quella che produce la
fissazione più eguale della fecula del Brasile sulla L in fiocchi, si è questa.

In una dramma di acido marino, in pari quantità di acido nitroso e 18 grani di
acqua, feci sciogliere col tempo e col calore 18 grani di stagno fino, poi me ne ser-
vii all'ordinario ne' miei mordenti. In $\frac{1}{4}$ di
pinta di A feci cuocere per un'ora e mez-
za un'oncia di scorza di betula, e 36 grani di legno fernambuco. Una dramma di L
e il panno col mordente $\frac{1}{2}$ A N, $\frac{1}{2}$ A M S
e $\frac{1}{8}$, acquistò nel bagno chiaro un eccellente colore di viola rossa saldissimo. La L
in fiocchi si è tinta ugualmente, il che dà
la preferenza a tal soluzione, sebbene il
suo operar men forte richiegga un soggior-
no più lungo nel bagno. Si ripeta di più
che per il brasile, come pel campeggio la

mi-

miglior dose è di 4 volte il peso della roba da tingere in corteccia di betula grossamente polverizzata.

Il valentuomo non contento di avere fissato il color fugace del fernambuco, volle tentare anche il legno di s. Marta, proveniente anch'esso dal Brasile. In una pinta di A feci cuocere per un'ora e mezza 3 dramme di scorza secca di betula, e tre altre di legno di s. Marta tagliuzzato. Ne nacque un bagno somigliante a quello di fernambuco, ch'essendo passato per setaccio vi posi una dramma di L col mordente S di sopra riferito, e vi contrasse in $\frac{1}{4}$ d'ora tra caldo e bollitura, e 2 minuti di bollimento un vago rosso cremesí chiaro, molto eguale che regge al sapone del follo, ed a 5 minuti d'immersione nell'aceto. Una dramma di L col medesimo mordente, messa nel bagno restante, e maneggiata tra caldo e bollitura per una mezz'ora, vi pigliò un rosa cremesí, da non aver invidia al primo, e anche più saldo all'aceto. In una pinta di A feci cuocere per un'ora e $\frac{1}{4}$ 3 dramme di scorza secca di betula, e 2 dramme di legno s. Marta. Chiarito il bagno vi tuffai una dramma di L col mordente S surriferito. La maneggiai per un'ora senza bollitura, e per un'ora di bollimento; oltre a ciò ve la lasciai stare tutta la notte senza fuoco. L'indomani la ritrassi tinta in un bel rosa cremesino egualissimo e saldissimo.

Secondo molte prove, che non istarò a rammentare, queste dosi da me trovate furono

G   rono

rono le migliori per supplire al fernambuco. Dopo il s. Marta si ammette anche il brasiletto, legno il più falso tra tutt'i coloranti. In $\frac{1}{8}$ di pinta di A feci cuocere per una mezz'ora 3 dramme di scorza di betula; allora vi aggiunsi una dramma di brasiletto in polvere grossolana, e lo lasciai bollire per un'ora e mezza. Il bagno in vece di esser porpora, era di un bel rosso vivo. Raffreddato che fu un poco, vi feci fondere 36 grani di allume che lo turbò, e lo ridusse mordorè: dopo averlo schiarito, vi tuffai una dramma di L col mordente S sopraindicato, acconcio per i legni. Maneggiata la L tra caldo e bollitura per $\frac{1}{4}$ d'ora, essa prese il colore egualmente, ma in 2 ore e mezza di ebollizione, cioè un bel rosso roseo che resiste per 5 minuti all'aceto, e che il sapone caldo del follo ha un poco mutato in cremesí. Ripetei tal operazione sopprimendo le 3 dramme di scorza, e non aggiungendo che 36 grani di allume dopo la cottura del legno. La L collo stesso mordente al peso di una dramma vi guadagnò un colore egualmente saldo, ma più carico, e men grazioso. Colla lusinga di toglier a questi atti di colore la leggera impressione, che soffrono del successivo passaggio degli acidi agli alcali, ho variate le manipolazioni, e tinto in 2 bagni come qui appresso.

Feci cuocer insieme in semi-pinta di A una dramma di scorza, e 36 grani di legno per un'ora e mezza. Posi in questo bagno

bol-

bollente 9 grani di cremor di tartaro, che
l'han decomposto, e mutato in giallo. Dopo averlo passato, vi immersi e vi maneggiai una dramma di L col medesimo mordente, che in 2 ore di bollitura non vi prese che un colore di rosa secca. Durante
questa tintura aveva preparato un nuovo
bagno simile, dal cremor di tartaro in fuori. Vi tuffai la L rosa secca per anco inzuppata del primo bagno, la maneggiai,
e la lasciai bollire per 2 ore. Essa uscì
molto egualmente tinta di un rosso tirante al cremesí, resistente perfettamente al
sapone ed all'aceto. Una semidramma di
L del medesimo mordente, tuffata nel bagno restante, acquistò una vaga tinta più
allegra, assai eguale, e salda (¹).

G 2   An-

---

(1) Intorno ai colori saldi, molto ricercati e pre-
giati, che si traggono dal campeggio e dal legno fernambuco, noi dobbiamo al sig. Decroixille, che si
occupa nelle arti con i veri lumi del dotto chimico, i seguenti ragguagli sulla manipolazione di cui
si fa uso, e sulla quale si sono date descrizioni poco sincere.
Il sig. Giro di Gentilli è il primo che abbia fatta riuscire in Francia la tintura in grande del legno campeggio fissata colla soluzione di stagno.
Egli ne fece i primi saggi a Louviers 12 anni sono, e col mezzo di quanto avea lasciato travedere
sugl'ingredienti componenti il suo mordente, noi
arrivammo ad imitarlo passabilmente. Facemmo
una soluzione di stagno nell'acido vetriolico, poscia ci aggiungemmo del sale marino, o comune,
del tartaro rosso, e del vitriolo di cipro, ossia vitriolo di rame. La mia riuscita fu tale che indusse il sig. Giros a propormi una compagnia nel traffico molto vantaggioso che si faceva a Louviers, in
Elbeauf, in Abbeville, in Sedan, e nel paese di
Lie-

Anche i gusci delle fave già secchi furono messi alla prova, ma la L, L F in 2 ore
di bollitura prese un bel verde oliva carico, ma non uguale, da reggere al cimento
dell'aceto e del sapone. Per altro il lucido
di tal colore si è sgraziatamente perduto
in

Liegi. Allora il detto sig. Giros m'inseguò una
maniera più facile di conséguire tal combinazione,
e consiste nel formar una soluzione di stagno in un
miscuglio di acido vitriolico, di sal marino e di
acqua, aggiungendovi in polvere il tartaro rosso e
il vitriolo di Cipro. In fatti noi non facevamo meno di 1500 pinte di siffatto mordente nello spazio
di 24 ore in un solo vaso di piombo mezzanamente riscaldato.

Noi abbiamo continuato tále traffico con molto
nostro vantaggio, vendendo il mordente a ragione
di 39 soldi la ℔ per lo spazio di tre anni, dopo
i quali andò decadendo finchè totalmente mancò.
Ed eccone la cagione. Il sig. Giros avendo lasciato traspirar il suo segreto, avemmo degl'imitatori
sul principio, i quali fecero men bene di noi, e poscia meglio di noi medesimi. Difatti in una combinazione tanto composta, e sì intralciata come quella del fissare le materie coloranti, egli è quasi impossibile di rinvenir altrimenti la perfezione, se non
che brancolando quasi all'infinito colle varie dosi,
e massimamente col *modus agendi*, e ciò molto più di
quello si possan raffigurare i chimici, a cui non sia toccato in sorte di occuparsi tanto in tal materia, come
a noi è toccato. Noi dunque non ci vergogniamo
di confessare di esser stati forzati a lasciar questo
oggetto, mentre vedevamo, e veggiamo tuttavia
delle persone, che non san nè punto, nè poco di Chimica, a trarne de' vantaggi molto notabili; e ciò che
del tutto m'indusse ad abbandonarlo, fu l'occasione della nuova manipolazione per imbianchire le tele, a cui mi sono interamente dedicato.

Dopo l'istorico intorno al mordente che serve pel
colore detto *prugna di Monsieur*, eccovi il modo di
usarlo, e i suoi effetti.

Se

in un anno di tempo, ed è un peccato, poi‐
chè l'ingrediente sarebbe a un tratto utile,
e facile a conservarsi. La L col mordente S
vi piglia un oliva assai bello.

Ficus Carica. Fico. 3 Once di giovani ra‐
mi freschi tagliuzzati, e cotti per un' ora e
G 3 mez‐

Se si voglia tingere lana non filata, occorre il
terzo del suo peso di mordente; e se trattasi di pan‐
no, non occorre che il quinto. Si prepara un ba‐
gno caldo in modo che vi si possa sostener la ma‐
no, vi si scioglie bene il mordente, vi si tuffa la
lana, o il panno, si agita discretamente, si man‐
tiene lo stesso grado di calore per due ore, si au‐
menta un poco verso la fine, poscia si leva, si ven‐
tila, e si lava molto bene; apparecchiasi un novello
bagno di acqua pura al medesimo grado di calore, vi
si mette una quantità bastante di decotto di legno
campeggio, si dimena, si porta il fuoco al bolli‐
mento onde mantenerlo così per $\frac{1}{4}$ di ora, poi si
leva, si ventila, e si risciacqua diligentemente, e
la tintura è bella e fatta. Se si usò il decotto di
una ℔ di campeggio per 3 ℔ di lana, ed a propor‐
zione pei panni, questi richiedendone una minor
dose, si ritrae un bel violetto, a cui una bastante
quantità di decozione di legno rosso fernambuco co‐
munica il bell' atto di colore detto *pragna di Mon‐
sieur.*

Le materie coloranti atte a fissarsi vantaggiosamen‐
te sulla lana con tal mordente, sono i legni violetti
e rossi, e il legno di scotano. Per altro il legno gial‐
lo somministra ancora colori passabili. Vuolsi notare
che il colore somministrato da' legni violetti e rossi,
va soggetto ad alterazione nella gualchiera, o follo,
pel sapone, o per l'orina, e tal alterazione sempre
prodotta da sostanze alcaline è rimediabile usando
un bagno molto leggermente acido, o acidulato ri‐
dotto un po' più che tepido, al qual uopo vuolsi
preferire ad ogni altro l'acido vitriolico. Per tal
mezzo il colore ritorna sì forte, e sovente ancora
più lucido di quello che fosse per lo innanzi, o
prima dell' alterazione, il che dicesi ravvivar la tin‐
ta.

mezza in ¼ di pinta di A formarono un
bagno con vivo odore di tuberoso. Una
dramma di L, L F dopo lunga bollitura vi
pigliò un gradevole colore di vigogna tenero. Un bagno del medesimo peso di foglie

---

ta. D'altronde le lane tinte coll'aiuto di tal mordente diventan capaci di una più bella filatura, di
quello che adoprando l'allume, e lasciando da parte il vetriolo di Cipro, si ricavano dallo scotano
e da' legni gialli, colori più leggiadri, che dal guado. Allora la robbia dà un colore arancio rosso,
ma meno carico di quello darebbe a dose eguale coll'
allume ; sopprimendo il vetriolo di rame, le lane riescono molto più dure, ma convien notare che
il mordente così preparato non dà che colori mise-
ri, o vili col legno violetto, e sopra tutto col rosso. Uno però de' maggiori difetti di questo mordente, prima che fosse condotto a perfezione, era ed è
anche spesso quello di mal unire i colori, ma ogni
volta che sieno ben uniti, riescono bellissimi, molto sani, e molto dolci. La manipolazione anzidetta riesce del pari anche per la seta, e sostituendo al
vitriol di Cipro il sal di saturno, o l'aceto di saturno, vi si colora passabilmente il cotone e il filo
prima passati per la galla ; ma l'uso ed il trasporto
del mordente riescon incomodi per ragione del pesante deposito formantesi a metà dell'altezza sotto
un colore corrosivo, il quale non ammette l'uso di
terra cotta col *grés*. Nulladimeno io ho un rimedio
per sì fatti inconvenienti, e si è di sopprimer l'acqua
della ricetta, poichè non ho altro che una pasta di
uso più facile, e men dispendiosa di due quinti nel
trasporto. Adesso che il sal marino è a buon mercato, potrà darsi che ritorni a somministrar tal mordente a' nostri tintori, migliore di quello che loro
si dà, e specialmente a buon mercato ; ma per ciò
fare conviene che per qualche tempo ancora mi oc-
cupi nell'uso e nella composizione del nostro liscivio (Vedi Berthollet elementi per la tintura
tom. 2. pag. 339, ec.).

glie verdi sparse un odor gagliardo di tuberoso, e una dramma di L, L F, in 2, o 3 ore di bollimento acquistò un brillante color di merda d'oca dorato.

Pteris Aquilina. Felice. 3 Once di sue radici fresche, peste in un mortaio, cotte per 2 ore in una pinta di A mi han dato un bagno grigio. Una dramma di L, L F in 3 ore di bollitura prese un giallo-grigio olivastro indefinibile, che ha però il pregio di essere saldo.

Fraxinus excelsior. Frassine. 3 Once di sua scorza verde tagliuzzata, e cotta per 2 ore in ¾ di pinta di A, danno a lunga bollitura a una dramma di L, L F un piccol giallo verdastro, e verde-pomo molto grazioso e resistente. Lo stesso peso di legno fresco scortecciato dà alla L collo stesso mordente in 3, o 4 ore di bollitura la vera tinta di vigogna naturale, e ben salda. Seppi dappoi che i Morlacchi traggono da essa scorza una bella tinta nera, infusa e macerata in un acido qualunque con limatura di ferro, ma non ebbi tempo di farne la prova.

Fumaria Officinalis. Fumaria. Essa cresce spontaneamente negli orti e ne' campi, e potrebbe moltiplicarsi con i suoi semi in terreno determinato. Bastano 3 mesi pel suo crescimento, talchè si potrebbe farne raccolta due volte in un anno. Una manata di essa, fresca e vicina a fiorire, tagliata, e cotta pian piano in semi-pinta di A mi diede un bagno limone in cui una dramma di L, L F. prese in mezz'ora di calore

sen-

senza bollimento, un bel giallo assai ricco, ma molto più saldo di quello del guado; è del pari acconcio per esser ridotto verde nel tino d'indaco, e tal verde non diverrebbe blu, stante la tenacità di tal giallo eguale a quella del blu. E per rendere sì buon ingrediente usabile anche in inverno, ne feci seccar all'ombra delle piante di fumaria, colte tra fiore e seme alla fine di luglio: si conservarono bene da un anno all'altro in granaio sano e ventilato. La qualità tintoria si è ritrovata simile a quella delle piante fresche, badando però di non far bollir la L nel bagno di tintura, e di estrar il colore con decozione lenta e tranquilla. La L con S acquista nel bagno di fumaria fresca un giallo più dorato, che L F, ma non provai se acquisti egualmente il verde nel tino d'indaco.

Humulus Lupulus. Luppolo. Volgarmente *bruscandolo.* Le sue foglie e gambi in fiore cotti in semi-pinta di A formano un bagno color di cannella, che dopo la prima ora di bollitura comunica a una dramma di L, L F un bell'atto di cannella nankin, e guadagna poco a bollire lungo tempo. La pianta seccata all'ombra può servir in ogni stagione, e dà quasi la medesima tinta. L'ingrediente è ottimo, e facile ad aversi in ogni parte.

Senecio Paludosus. Senecione. I suoi steli fioriti, cotti per un'ora, danno alla L, L F un giallo limone, che la bollitura continuata per 3 ore riduce al muschio dorato da

re-

resistere ad ogni prova. Non lo provai secco, ma merita tal prova.

Convolvulus Arvensis. Volgarmente *Bordea*. I suoi rami con foglie e fiori danno alla L, L F un color muschio chiaro, come altre piante latticinose. Essa pianta molesta e gli orti ed i campi come ognuno ben sa.

Medicago Sativa. Erba medica. Una manata di tal pianta ridotta a fieno secco, cotta in $\frac{1}{4}$ di pinta di A, forma un bagno giallo tanto copioso quanto quello del guado; ma dopo lunghissima bollitura, la L, L F non vi guadagna che un color camoscia, o vigogna chiaro. La L col mordente A T con un quarto del suo peso di robbia, diventa di un rosso gentile, mordorè chiaro grazioso, e saldo.

Esculus Hippocastanum. Ippocastano. 2 Once di sua scorza in succo nel mese di marzo, tagliuzzate e cotte per un'ora in semipinta di A danno un bagno, dove una dramma di L, L F acquista in mezz'ora, senza bollire, un buon giallo: la lunga bollitura lo muta in un bell'atto mordorè. I giovani rami con foglie al peso di 3 once, tagliati e cotti per un'ora e mezza, in $\frac{1}{4}$ di pinta, &c. e 3 ore di bollitura danno a una dramma di L, L F un bel muschio-cannella trasparente.

Morus Nigra. Moro. 2 Once del suo legno grosso, secco, tagliuzzato, e cotto per un'ora in semi-pinta di acqua tingono la L, L F in giallo-opaco olivastro da reggere a tutto. Quanto prima si proverà anche

il

il moro bianco con varie maniere di mordenti, avendone noi con tanta profusione.

Ulex Europœa. Giunco marino. Una piccola manata di suoi fiori freschi, cotti tranquillamente per $\frac{1}{4}$ d'ora in una semi-pinta di A, dà un bagno del più bel limone, dove una dramma di L, L F con mezz'ora di calore da far increspare il liquido, acquista il più bel giallo-giunchiglia, che si altera un poco nell'aceto. I fiori colti nel mese di marzo, e seccati all'ombra furon dimenticati fino alli 30 ottobre, che ne feci cuocere 4 dramme in semi-pinta di A. Avendovi tuffata una dramma di L, L F guadagnò una bella tinta di *soucì* da resistere al sapone del follo, ed a 5 minuti di aceto, in cui 15 minuti d'immersione non fecero altro che ridurla a un bel giallo vivo. Una seconda dramma, e una terza messa nel bagno restante, presero tutte è due de' gialli e de' limoni molto gradevoli.

Un pezzo di velluto bianco di cotone stato nella galla, poi impastato e tuffato per 3 ore nella terra precipitata dall' allume, e in un po' di soluzione di stagno, poscia lavato, seccato, e posto in un bagno di fiori secchi di giunco marino, pigliò in $\frac{1}{4}$ di ora di piccola bollitura, un bel giallo da resistere 10 minuti all'aceto, e 5 minuti al sapone.

Aggiungendo al bagno de' nostri fiori un poca di bella robbia, la L piglia vaghe e salde tinte di aurora, di nasturzio, e di cannella.

Juglans Regia. Noce comune. 2 Once di

di scorza delle sue radici secche polveriz-
zate, e cotte in $\frac{3}{4}$ di pinta di A per un'
ora e mezza con una dramma di L, L F
mi diedero un color di castore ben saldo.
2 Once di gusci secchi di noci peste, e cotte per un'ora e mezza in semipinta di A
diedero alla L, L F in 3 ore di bollitura
un bel colore di vigogna. 3 Once di scorza grossa del legno tagliato da 4 mesi, essendo state tagliuzzate, e cotte per un'ora
in di $\frac{3}{4}$ pinta di A, mi formarono un bagno
giallo dorato, in cui la L, e specialmente
il panno bianco con L F han preso in
mezz'ora di bollitura, un ottimo muschio
dorato; poi a lunga bollitura un buon muschio bruno. E' facile averne da' falegna-
mi, ed ebanisti che lavorano il legno del
noce.

Oricello delle Canarie. E' noto quanto
sia fugace il colore che ci porge l'oricello. In un terzo di pinta di A, feci cuocere una semidramma d'oricello, come si suol
vendere alle botteghe. Passato il bagno, e
chiarito vi tuffai una dramma di L, A T,
la quale pigliò un *lilas* violetto. Questa L
immersa per una mezz'ora nell'aceto, si è
resa di un rosso assai vivo, poscia ripassata in saponata a freddo e nel follo, si è
mutata in un rosa bellissimo, e che ho creduto inalterabile. Ma ritenuta per due anni, parte all'aria, e parte ravvolta in carta, è divenuta di colore violetto. Ora, sic-
me l'aceto sarebbe troppo dispendioso in
grande, feci un nuovo bagno di oricello,
cioè una dramma cotta in $\frac{1}{3}$ di pinta, ec.
Due

Due dramme di L, A T, poste nel bagno chiaro, uscirono tinte di un atto un po' più violetto del *lilas*. Tal lana sommersa per un'ora nell'acqua fredda acidulata con oglio di vitriolo fino al grado dell'aceto forte si è ben ravvivata; e il follo le diede l'atto rosa del primo saggio.

Volendo mutar l'oricello nella medesima caldaia, feci un bagno di $\frac{1}{4}$ di pinta, ec. in cui bollendo l'acqua vi gettai 36 grani di cremor di tartaro. Fuso che fu, calmai il bollimento per gettarvi 36 grani di olio di vetriolo, diluto in un bicchier d'acqua tepida, e vi feci cuocer 36 grani di oricello secco e polverizzato. Passato questo bagno, vi misi 48 grani di L, A T, che dopo $\frac{1}{4}$ d'ora ne uscì perfettamente tinta in rosa saldo al follo e all'aceto. Anche la L con mordenti L F, ed S divengono rosee, ma men lucide della L, A T.

Variando le quantità dell'oricello, si ottengono varj tuoni dalla feccia del vino, fino alla rosa canina delle siepi. La grazia e il buon mercato di tali colori debbono indurci a trovar altri mezzi per assicurarli. Fui accertato che gl'Inglesi tingono a principio in oricello le lane destinate al tino d'indaco, e da ciò proviene il lucido de' loro blu carichi.

Paglia del formento. Un'oncia di paglia nuova tagliuzzata, e cotta in semi-pinta, ec. per un'ora mi diede un bagno falbo. Una dramma di L, A T vi pigliò a lunga bollitura un bel tuono di vigogna d'oro. Rimessa in un bagno di 18 grani di robbia,

di

di 18 grani di sommacco, e di una goccia di soluzione di ferro, vi guadagnò il vero atto *carmelita*.

Populus Piramidalis. Pioppa Cipressina. La scoperta delle qualità tintorie di questo ingrediente fu quella che meglio mi ricompensò de' miei studj e delle mie fatiche. Riunisce i fatti il lucido è la durevolezza del più bel giallo d'oro alla facilità dell'estrazione, e la sua capacità ad entrar in tutti i colori composti, come anche il risparmio. E' da congratularsi coll'Italia, che possiede tal albero, chiamato dal d'Ambournay *pioppa italica* : sebbene, come soggiunge l'autore, anche tutta la famiglia delle pioppe somministra a un di presso i medesimi vantaggi.

Primieramente un'oncia e mezza della scorza presa nel mese di febbraio, tagliuzzata e cotta pian piano per un'ora in $\frac{3}{4}$ di pinta, ec. mi diede un bagno color limone, e una dramma di L, LF tuffatavi pigliò in mezz'ora, tra caldo e bollimento, un bellissimo giallo d'oro quasi aurora della maggior saldezza tanto al sapone, che a 6 ore d'immersione nell'aceto. 2 Once del legno scortecciato, tagliuzzate e cotte dan per lunga cuocitura buoni atti o tuoni di nocella, di nankin, e di muschio. Inoltre 2 once di suoi giovani rami in aprile tagliuzzati e cotti per un'ora in $\frac{3}{4}$ di pinta, ec. mi diedero sopra una dramma di L, LF in mezz'ora di calore senza bollimento un giallo anche più giunchiglia, e del pari saldo. Un po' di robbia secca aggiungiunta a questo bagno dà col bollire una serie di marroni molto graziosi e saldi.

$\frac{1}{48}$ Del peso di pioppa aggiunto a robbia fresca schiacciata in un nuovo bagno, ci somministra un bell' aurora cannella.

L' unico difetto del giallo di pioppa sta in ciò, che non piglia un verde deciso nel tino d' indaco, ma una tinta oliva a motivo di alcuni atomi di rosso che in se racchiude. Cercando di scemar la quantità di tal ingrediente, non presi che 6 dramme di rami giovani, i quali tagliuzzati e cotti in semi-pinta di A mi han procurato sopra una dramma di L col mordente R un giallo di viola un po' opaco. Aggiunsi al bagno restante un po' di robbia secca, e rimessa che vi fu la L, contrasse un buon mordorè.

In un bagno di 6 dramme di rami giovani freschi tagliati, vi posi una dramma di L col mordente S, la quale prese tosto tra caldo e bollimento un bellissimo giallo d'oro molto eguale, e molto più lucicante che sulla L, I. F. Tal colore regge a ogni prova e di sapone e di aceto. Conviene per altro non tuffar la L che a bagno affatto tepido, e maneggiarla con diligenza, dacchè piglia colore assai presto.

Una dramma di L passata pel blu da 16 soldi, poi rimessa nel mordente LF, e tuffata in un bagno di 6 dramme di rami freschi, prese un leggiadro e molto saldo verde tenero un po' olivastro.

Una dramma di L con S tinta in 6 dramme di freschi rami, riposta in un bagno

di

di 4 dramme di bacche di frangola, diventa di una bella tinta di *ronce d' Artois* ben cangiante.

Aumentando il peso di pioppa fino a 8 dramme, e quello delle bacche secche fino a 6, si ricava sopra una dramma di L con S un bel colore di *viola maure* trasparente e saldo.

8 Once di L, L F sono state tinte in un bagno di 4 ℔ di rami freschi, tagliati, e cotti in 8 boccali d' acqua, a cui comunicò un bel giallo giunchiglia saldo, ma alquanto ineguale. A tal inconveniente si è posto riparo tuffando la L nel bagno quasi freddo, per aver il tempo di ben aprirla e impastarla.

8 Once di L con L F sono state tinte nel modo stesso, poscia rimesse in un bagno di 3 ℔ di bacche secche di frangola, dove han guadagnato un bel giallo verdastro cangiante, e ben trasparente.

8 Once della stessa L, L F sono state tinte in un bagno di 3 ℔ di rami tagliuzzati e cotti in 6 boccali di A. Furono rimesse in un altro di 3 ℔ di bacche secche di frangola, 3 once di robbia, 6 dramme di vecchio oricello secco, e 36 grani di soluzion di ferro, il tutto cotto in 7 boccali di A. Esse acquistarono un buon tuono di *carmelita* molto lucicante.

Anche i rami secchi operano con egual energia, badando però che 6 pesi di rami secchi saran equivalenti a 9 freschi, e occuperanno $\frac{1}{3}$ meno di spazio nella caldaia. Sarà anche più agevole tagliuzzarli al mulino

lino. a coltelli, e distendendo il legno ma-
cinato sul mattonato di un granaio; si potrà muovere con pala, e conservarlo per
trasportarlo altrove. Questa sperienza di
mettere in uso i rami secchi è stata molto opportuna per dar credito alla pioppa.

Non contento di ciò, riescono i rami
giovani anche senza tagliarli, e anche questo diventa un risparmio. Si avvertirà dunque che possono essere adoperati in piccoli fasci, e con ciò si ottiene una tintura
più bella e più sicura. Calcola che per 60
℔ di L occorrono 400 ℔ di rami di pioppa secchi, i quali costano L. 4: 16: il mordente di S, L. 43: 4; somma totale L. 48.
Si calcoli quanto più costerebbe in guado,
in legno giallo, ed in allume per aver poi
un colore men lucido, e di gran lunga men
saldo.

Sia dunque che la pioppa si adoperi come base per altre tinte, sia che si adoperi come ultima mano (in francese *glacis*)
essa ha il gran merito di avvivare e render trasparenti tutt' i colori in cui si può
farla entrare: tali sono le *carmelite* cariche e falbe, i *mantelli s. Teresa*, le av-
venturine, e altri colori di simil fatta, di
cui il pregio principale sta nel cangiante,
e nel mutarsi riguardandoli orizzontalmen-
te. Vedremo ch'essa serve a fissar anco i
colori de' legni.

In ¼ di pinta di A feci cuocere un' oncia di rami giovani freschi e 9 grani di
campeggio ridotto in schegge. Passato che
fu questo bagno, vi misi una dramma di

L,

L, I. F, che in $\frac{1}{4}$ di ora senza bollire
pigliò un tuono di oliva trasparente, che
regge per 25 minuti all' immersione nell'
aceto. D'altronde, raddoppiando il peso del
campeggio, l'oliva si rende più carico, ma
egualmente trasparente e saldo.

In semi-pinta, ec. feci cuocere 3 dramme di pioppa cipressina secca, e 18 grani
di fernambuco in polvere. Una dramma di
L, L F tuffata nella colatura di esso bagno
vi prese un mordorè sparso di giallo, che
resiste alle 2 prove; la L rimessa in un
bagno di 3 dramme di bacche secche di
frangola, diventa ancora più cangiante e
più bella. Questi tre saggi mi han dato a
vedere che la pioppa piramidale avea, come
la scorza di betula, la proprietà di assicurar le fecule sì del campeggio, come del
fernambuco, avvertendo però che pei colori porpora, cremisì, e rosa, la sola corteccia di betula, come quella ch'è men ef-
ficace in colorire, non dando mordorè, è
valevole ed acconcia.

In semi-pinta, ec. avea fatto fondere 36
grani di allume, e cuocere 6 dramme di
pioppa. Pure con mia gran sorpresa il bagno non erasi colorito limone, e osservan-
dolo diligentemente, vidi il contorno della
picciola caldaia spruzzato di macchiette gialle
che il tatto mi manifestò essere di materia
mucco-resinosa. La lor soluzione nel bagno avrebbe prodotta la tintura, ma l'allume isolandole, e poi riunendole le aveva private di energia; dal che credei d'
inferire, che bisognava abbandonarlo in

H   tutt' i

tutt'i bagni, in cui entrava la pioppa d'
Italia, o piramidale. Ciò pure mi fece vedere perchè la L col mordente A T non acqui-
stava che semi-tinta ne' bagni di pioppa.

Feci cuocer in semi-pinta, ec. 4 dramme
di rami freschi, i quali diedero a una dramma di L, L F una bella tinta di giunchiglia. Questa L rimessa in un nuovo bagno
di semi-pinta di vino di frangola, e di 4
dramme di sue bacche secche, vi pigliò
un oliva d'oro assai vivo, e adattato per
persone di qualche età. Vedremo poi, quando si tratterà del sarrasino, altri effetti van-
taggiosi della pioppa.

Populus nigra. La sua scorza, o i suoi
giovani rami trattati al modo della piramidale producono sulla L, L F de' giunchiglia, e de' gialli un po' meno luccicanti, ma
col mordente S si ricavano assolutamente
gli stessi prodotti che dalla pioppa d'Italia, quanto alla lucentezza ed alla solidità.

Populus nigra Virginiana. Pioppa nera
di Virginia.

Populus Balsamifera. Molto comune.

Populus alba. La bianca nostrale.

Populus tremula.

Tutte queste razze di pioppe, sì colle loro cortecce, come con i loro rami, dan
senza bollire alla L, L F de' piccoli gialli,
e de' limoni saldi, che di molto si nobili-
tano mediante il mordente S. Il loro legno
grosso dà con lunga bollitura sulle 2 L,
L F, ed S de' nocella, vigogna, nankin,
muschio, semi-mordorè, e altri tuoni serj,

secon-

secondo la quantità del legno, e il tempo, o durata dell'ebollizione.

Saguisorba officinalis. Tutta la pianta ci dà un bagno olivastro, in cui la L, LF piglia a lunga bollitura un bel tuono di muschio da reggere alle 2 prove per 12 ore.

Pinus maritima. Pino. 3 Once di sue verdi foglie, cotte per un'ora in ½ di pinta, ec. danno alla L, L F senza bollire, un bel limone saldo; e alla L, S una tinta più opaca che diventa nocella col bollire. La scorza suberica del medesimo pino ridotta in polvere, e cotta per un'ora e mezza in una pinta, ec. forma un bagno cannella carico che ridotto chiaro, e immersa una dramma di L, L F vi prese un giallo-viola-*maure* molto lucente, poi ridotto a bollitura si *mordora* un poco, serbando la sua trasparenza e il suo cangiante. In altro bagno simile, una dramma di L, S pigliò un atto, o tuono più giallo, e meno mordorè. La scorza di cui si tratta, essendo indipendente dall'alburno nutriente l'albero, potrebbesi levargliela senza dargli molestia, e in tal caso il colorante non costerebbe che la fatica di raccoglierlo (1).

Pyrus comunis. Pero. Il legno e la scorza

H 2 di

***

(1) Non senza ragione sto descrivendo varie sorti di materie coloranti, perchè se non ve ne sono in una provincia, o distretto, ve ne possono essere a dovizia in un altro. Piaccia soltanto a Dio, che i nostri Tintori vogliano profittar di così utili avvertimenti, e mettersi a provar le tanto benemerite dottrine del signor di Ambournay.

di un ramo di 2, o 3 anni, tagliuzzato in peso di 3 once, e cotto per un'ora in ¼ di pinta, ec. diedero una dramma di L, L F, in 3 ore di bollitura, un grazioso colore somigliante a cannella fina. Le torte formate da molte pere torchiate, danno con lunga bollitura un muschio chiaro e saldo.

Rubus fruticosus. Rovo delle siepi. 3 once di sue radici cotte per un'ora e mezza in una pinta, ec. han data alla L, L F una tinta gialla carica, ma opaca. Aggiunsi a questo bagno un po' di vitriolo di ferro, e di gomma, e me ne risultò un inchiostro assai acconcio per iscrivere, il che m'induce a sperare che tali radiche dovrebbero essere un buon succedaneo alle noci di galla, e al sommacco. I frutti, detti *more*, ci danno una decozione rossa carica, che la soluzione di stagno muta in iscarlatto, e in ciò somiglia di molto alla cocciniglia. Nulladimeno la L, L F non vi prende che un mordore saldo. Sarebbe utile provarle con L, preparate in varie maniere; forse vi sarà qualche mordente che ci darebbe un rosso vivo, e in tal caso si riporterebbe un premio degno de'nostri studj.

Tagetes erecta. 2 Once de' suoi fiori freschi coi loro calici, danno un bagno giallo di pessimo odore al principio, ma che poi si riduce a quello dell'albicocca. Una dramma di L, L F piglia fra caldo e bollitura un bel colore *souci* tutto eguale, che regge al sapone e all'aceto a freddo, ma il sapone caldo del follo lo fa avvicinare un poco al cannella. Le foglie e i gambi freschi,

spo-

spogli de' loro fiori, somministrano un bagno men dovizioso, ma che porge parimente alla L senza bollire un bel giallo, un
po' meno *soucì*, ma che resiste alle due
costumate prove. Bisogna usar tutta la
pianta, quando tutt'i fiori sono sbocciati,
riuscendo allora la tinta più lieta, più eguale,
e più salda. I due resti de' bagni mescolati
insieme danno tosto a una dramma di L, L F
un giallo d'oro, che al primo bollire non
si rabbuia, ma a lunga bollitura diviene
un muschio-giallastro trasparente, molto saldo, il quale per altro fa rigida la lana.

Le piante in primo fiore seccate all'ombra, diedero un bagno giallo d'oro di odore spiacevole: una dramma di L, L F trasse senza bollire un giallo-aurora trasparente, e tale in circa, qual è quello che si ottiene dalla pianta fresca.

L'ingrediente è ottimo, e varrebbe la
pena di seminarne ne' campi, giacchè matu-
rasi in tre mesi, e raccogliendo la pianta
fiorita, e seccandola all'ombra, si serberà
in fastelli nel granaio per farne uso a piacimento.

Ruta grave-olens. Ruta. ʒ Once di sue
foglie e gambi verdi pestati in mortaio, e
cotti per un'ora in $\frac{1}{4}$ di pinta, ec. danno
un bagno verdastro, che colla bollitura continuata dà l'odor soave di tuberoso, ma
gagliardo a segno di dar noia in luogo
chiuso. Una dramma di L, L F acquista
tra caldo e bollitura un colore di zolfo, o
di limone verdastro, ed a lungo bollire, un
merda d'oca, sì l'uno che l'altro saldi.

Polygonum Fagopyrum. Sarrasino. La parte rossa de' suoi steli freschi e fioriti, pesta al peso di 4 once, e fatta cuocere per un'ora in pinta, ec. mi diede un bagno giallastro; ciò non ostante in 3 ore di bollimento, una dramma di L, L F, e così anche col mordente S, acquistò un bel colore di tabacco di Spagna resistente alle due prove. Un bagno simile tratto dalle cime fiorite mi diede lo stesso colore, ma più sparso di giallo. La cosa più importante era il vedere l'effetto di sua paglia, o di suoi gambi secchi, e però in ottobre ben avanzato, pigliai un'oncia e mezza di detta paglia ben secca, tagliuzzata, fatta cuocere per 2 ore in $\frac{1}{4}$ di pinta, ec. Passato il bagno di colore di muschio carico, vi gettai una dramma di L, L F, la quale in 3 ore di ebollizione guadagnò una tinta falba-chiara e diafana. Un'altra dramma col mordente S ed O acquistò in simil bagno un color aurora trasparente e saldo. Provai anche con paglia non tagliata, e l' effetto non mancò, poichè la L, S, ed O pigliò il giallo-aurora trasparente, lungo tempo alla moda col ridicolo nome di *Caca-Dauphin*.

Omettendo le sue sperienze in piccolo per abbreviare, presi, dic'egli, sette aune, e $\frac{1}{4}$ di panno bianco del peso di 4 ℔ di Francia, e le assoggettai al mordente L F, cioè 5 once di soluzione di bismuto in acido nitroso, o acqua forte, 5 once di tartaro rosso in polvere, 10 once di salamoia, fatta col sal marino a freddo, al gra-

do

do 4 del pesa-liquori de' saponieri, il tutto messo a bollire in 38 boccali di acqua
di pozzo. Il panno già bagnato vi è stato
immerso, poi maneggiato al mulinello per
una mezz'ora di piccolo bollimento, poscia
levato e messo a sgocciolare senza punto lavarlo. Nel frattempo preparavasi in altra
caldaia un bagno formato da 80 boccali di
acqua di pozzo con 30 ℔ di paglia secca
di sarrasino, con 20 ℔ di bacche secche di
frangola, e con 20 ℔ di pioppa cipressina
in rami giovani non tagliati. Dopo 3 ore
di cottura, colato il bagno, ne versai 40
boccali nella prima caldaia vota, e resa
monda dal resto del mordente. Allorchè tal
bagno principiava a increspare pel fuoco,
vi tuffai il panno preparato; fu maneggia-
to al mulinello per $\frac{1}{4}$ ora, poi rituffato sof-
frì un'ora di bollitura.

Fu rimaneggiato di nuovo per $\frac{1}{4}$ d'ora,
poi rituffato per mezz'ora di ebollizione
continua; finalmente levato via, lavato al
fiume, e seccato, si trovò molto ugualmente tinto in *caca-dauphin*, vivo e fiammante, inalterabile alle due prove.

Siccome il rimasuglio di tal bagno era
tuttavia netto e colorito, vi ho aggiunto
quello che mi rimaneva di nuovo: vi feci
cuocere per una mezz'ora tra caldo e bollitura una ℔ e mezza di robbia, poscia vi
tuffai 7 aune e $\frac{1}{4}$ di panno bianco preparato con L F, e trattato nello stesso modo; quindi rimesso in un bagno nuovo di 38
boccali di acqua, e di 18 ℔ di pioppa piramidale. Il panno fu lavorato al mulinel-

lo

lo per ¼ d'ora tra caldo e bollitura, e ne
uscì fiammante dorato, con un fondo mu-
schio-chiaro di gran bellezza e solidità,
poichè si portano tuttavia in febbraio 1785
gli abiti da inverno fatti fare nel decem-
bre 1782, e con sufficiente decenza.

Ripetei tal operazione tingendo più in
grande, e successivamente nello stesso bagno, 4 pezzi da 7 aune, e ¼ ognuno preparati L F, il tutto in varj tuoni di carmelita, osservabili per la loro trasparenza e riflessi d'oro. Il primo bagno com-
poneasi della metà del peso di 7 aune e
¼ di robbia secca, del quadruplo del suddetto peso di bacche secche di frangola, di sei
volte il peso suddetto di paglia secca di sarrasino, e di sei volte il peso suddetto di
pioppa piramidale non tagliuzzata. I sup-
plementi per ravvivar questi bagni dopo
ogni tintura, equivalgono tutt' insieme al
quarto della prima composizione.

La L S⅐ A M F, vale a dire con soluzione di 18 grani di stagno in 2 dramme
di acido marino fumante (mordente ottimo per lo scarlatto di robbia) riuscì molto bene in questi bagni combinati di paglia di sarrasino, quanto la L, S, ed O.

In una pinta, ec. feci cuocere per un'ora
e mezza 4 dramme di bacche secche di frangola, 7 dramme di secca paglia di sarrasino, e 6 dramme di pioppa piramidale: nel
bagno ridotto chiaro vi tuffai una dramma di L, e di panno tinto in rosso cremesí col legno di s. Marta fissato, il che li
portò a una tinta di cannella dorata luci-

dis-

dissimà. Quando il defunto Maquer a Parigi ricevette queste mie prove, meco congratulossi per l'uso della paglia di sarrasino, come una delle più felici scoperte delle qualità tintorie de' vegetabili.

La crusca, o corteccia del medesimo grano colorì la L, L F in un grazioso atto di nankin tirante a rosa, il che m'indusse a far l'esperimento qui appresso. In una pinta, ec. di pozzo feci cuocer per 3 ore a piccolo bollimento un'oncia di crusca di sarrasino, un'oncia di bacche secche di frangola, mezz'oncia di pioppa piramidale. In questo bagno ridotto chiaro, v'immersi 2 dramme di panno col mordente S ed O, che in 3 ore di bollimento pigliò la vera tinta detta *carmelite*, ben trasparente, e in un solo bagno, laddove ne' nostri elaboratorj tal colore addomanda 3 bagni.

Salix alba. Salcio. Un' oncia e mezza di sua scorza, o 2 once di suoi giovani rami freschi, tagliuzzati e cotti per un' ora in ¼ di pinta, ec. porgono un bagno giallo molto intenso, che in mezz'ora senza bollire, dà a una dramma di L, L F un giallo un po' opaco, il quale bollendo si muta in oliva sporco, ed equivoco. 2 Once del suo legno fresco scortecciato, trattato alla stessa maniera, danno con lungo bollimento una tinta di cotone di Siam, salda ed assai graziosa.

Holchus Sorgum Nigricans. Sorgo. Il grano avendolo fatto brillare in un mulino da sarrasino per trarne la crusca, in cui sta il colorante, ne presi un'oncia che feci cuocere re pian piano per un' ora e mezza in ¼ di pinta, ec. La colatura di questo bagno comparve colorita in porpora-violetto, e la L, L F pigliò in 2 ore di bollitura la stessa tinta che avrebbe guadagnata in un bagno di campeggio, col gran vantaggio di essere inalterabile al sapone; e nell' aceto essa si ravviva e torna in colore prugna *de Monsieur*. Una dramma di lana vergine inzuppata in precipitato di allume e di soluzione di stagno, pigliò in un bagno simile un rosa carico, o feccia di vino, che si ravviva nell'aceto, e rimane solido. Una matassa di cotone preparata pel rosso, tinta in un bagno, di 2 volte il suo peso, di crusca di sorgo, vi prese un bell'atto di prugna sopraddetto; ma 5 minuti di saponata l'han dileguato. La L, S, non vi guadagna che un marrone cupo, un po' porpora ben saldo.

Avendo fatto seccar all'ombra tal crusca, di cui mi era servito, la ritrovai otto mesi dopo, e la feci di bel nuovo cuocere per un' ora in semi-pinta, ec. Una dramma di L S vi pigliò il più dolce color muschio-pulce, che reggeva alle due solite prove.

Sambucus nigra. Sambuco. ℥ Once di suo legno grosso tagliuzzato, cotte per lungo tempo, non danno alcun determinato colore, ma aggiuntovi un po' di vitriolo di ferro, comunicano a una dramma di L, L F un grigio bruno-olivastro, color serio, nobile, e saldo. La corteccia sola, o i suoi rami giovani danno in 3 ore di bollitu-

litura una tinta oliva-giallastra. 4 Dramme di suoi fiori secchi all' ombra, cotti
in semi-pinta, ec. porgono un abbondante bagno mordorè oliva. La L, L F acquista alla prima bollitura un giallo-viola-
opaco, il quale si mantiene anche dopo 2 ore di ebollizione, la quale continuata un' ora di più, si volge in muschio
inalterabile a 30 ore d' immersione nell'aceto: 3 once di sue bacche mature, colte da
8 giorni, e che principiavano a fermentare, mi diedero un bagno porpora vivo in
cui in 3 ore di bollitura; una dramma di
L, L F guadagnò un bel grigio molto blu,
e tanto saldo, che in 3 mesi di esposizione all' aria, al sole, alla pioggia non si alterò, nè si guastò punto. Le bacche mature di sambuco colte di fresco, cotte in
pretta acqua, danno un bagno porpora-vio-
laceo. Passato per panno di lino, ed aggiuntovi 2 dramme di precipitato di vitriolo di Cipro, e di allume coll' acqua alcali-
na, vi tuffai de' lanaggi L F al peso di 2
dramme, i quali in mezz' ora senza bollire, e in 15 minuti di ebollizione contras-
sero un bel colore blu tenero, che si ador-
na col sapone, ma arrossa coll' aceto. Del
filo di cotone crudo, poi bollito nella soluzione del vitriolo di Cipro, tuffato in
seguito iu un bagno di bacche mature, vi
acquistò un bel violetto-azzurro, il qual
torna blu celeste col sapone, e ripassa al
gris - de lin coll' aceto. Mi resta a riunir
tal ingrediente colla scorza di betula, con
cui ho fissato il campeggio tanto fugace.

Le

Le bacche mature giunte alla fermentazione acetosa, mi han dato un bagno più rosso che porpora. La L, L F. vi pigliò un bel muschio cannella saldo assai.

Fuliggine. Essa veniva sbandita da ogni tintorìa di buone tinte, come ingrediente falso. Presi dunque un'oncia di essa in polvere, e la feci cuocere in una pinta, ec. per un'ora e mezza. Passato che fu il bagno olivastro, vi tuffai una dramma di L col mordente S $\frac{1}{17}$ che alla prima bollitura pigliò una brunitura di giallo viola saldissimo. Questa L ripassata in un bagno composto di robbia, di bacche di frangola, e di pioppa piramidale, prese un bell' atto di *carmelite*. Tal ingrediente, trattandolo alla mia maniera, può adoperarsi per dar un piede a varj colori. Così anche la fuliggine in istato concreto.

Tlaspi arvense, ossia *Bursa pastoris*. Giova rammentarla, poichè in molti luoghi è un'erbaccia nocevole a' grani e ad altri seminati. Una manata di piante in seme ancor verdi, tagliuzzate e cotte per un'ora in ¼ di pinta, ec. mi han procurato un bagno verde-giallastro, in cui una dramma di L, L F ricavò un limone opaco, poscia in 3 ore di bollimento un leggiadro muschio chiaro saldissimo.

Flore lupuli luteo. Trifoglio a fiore di luppolo giallo. Una mezzana manata di sue foglie e gambi fioriti, cotti senza essere tagliati in ¼ di pinta, ec. per un'ora, dà un bagno giallo. Una dramma di L, L F vi acquista in ¼ d'ora di ebollizione un gial-

lo

lo nativo, affatto somigliante a quello del guado, ma niente più saldo. Crederei che sarebbe acconcio a formar un bel verde nel tino d'indaco. Un'altra dramma collo stesso mordente messa nel bagno restante acquista il medesimo atto di giallo, che ritiene per ¼ d'ora di bollimento, e all'ora resiste più all'aceto. Finalmente condotto a bollir per 3 ore, il giallo cangiasi in un tuono viola opaco, che resiste alle due prove. Converrebbe farne la prova ridotto secco, o a fieno.

Trifolium Rubens Pratense. Trifoglio a fiore rosso. Una piccola manata del suo fieno secco, dà un bagno muschio, dove una dramma di L, L F guadagna tra caldo e bollitura un giallo opaco, che il lungo bollire rende più intenso, e torna olivastro. Colla giunta di un po' di robbia, ne viene una tinta chiara di *carmelite*, o un mordorè, se la robbia è il quarto del peso della L da tingersi.

Cratægus Oxiacantha. Spina bianca. In una pinta, ec. feci cuocer un'oncia e mezza di grosso legno di spino tagliato da un' anno. Il bagno condotto col bollimento al colore di nankin, diede alla L S lavata un bell'atto di cannella fina molto eguale.

Restan ora a vedersi le altre piccole scoperte aggiunte all'opera nel supplemento stampato dal medesimo autore nell'anno 1788.

Agripalma, così l'abate Rosier dice che si chiama in italiano il *Leonurus Cardiaca Linn.*; in francese *Agripaume*.

Fe-

. Feci cuocere in una pinta di acqua, e in un bicchiere con liscivio di soda, una buona manata di foglie verdi, e gambi in fiore di essa pianta. Il bagno si è tosto fatto vedere di un bel giallo, poscia divenne giallo falbo. Passato che fu, vi misi una dramma di L vergine intrisa in S lavata, la quale pigliò un oliva-tenero assai bello. Tolta via la L, vi neutralizzai il bagno con un po' di acqua forte, e rimessavi la L, e bollendo per ¼ d'ora, ne uscì tinta con un ottimo tuono di oliva carico, e molto dorato. Questo è uno de' colori serj più belli, che abbia ricavati da miei sperimenti.

Blu di Sassonia, ossia blu composto. Ben si sà ch'esso altro non è che una soluzione d'indaco nell'olio di vetriolo, e mio scopo si era di conseguire tanto in blu, come in verde delle tinte tanto cariche, quanto quelle che fannosi nel tino di guado, e se possibil fosse, del pari salde. Rispetto all' intensità ne trassi del blu celeste, fino al blu d'*Enfér*, e del verde tenero, o dilicato fino al verde *cul de bouteille*. Quanto alla solidità, i colori ressero certo al follo. L'intensità poi dipendeva dalla dose di composizione, ma siccome mi avvidi, che le L con ogni mordente uscivan più o men tinte egualmente in ragione del grado di forza del bagno, altro spediente non seppi trovare per render eguale il colore, se non se il passarle di seguito per un maggiore, o minor numero di bagni deboli, ma nuovi, così per esempio i lor effetti ripetuti

quat-

quattro volte mi diedero il *blu d'Enfer*, tre volte il *blu de Roi*, e due volte sole i blu graziosi ec. ec.

Se delle mie lane tinte uguali avessi voluto formar de verdi, le tuffava in un bagno di cinque volte il loro peso di pioppa piramidale che sul blu composto tira men all'oliva, che sul blu di tino, o di guado. L'erba guado non mi riuscì punto a formar i blu carichi, e ciò senza fallo per la ragione, che l'acido vetriolico ne alterava l'energia. D'altronde siccome la sua tinta e meno salda di quella di pioppa, ne ricavava un vantaggio nell'uso della stessa pioppa. Trovai cosa indifferente dar prima, o dopo il bagno di color giallo. Ebbi de' verdi dilicati tuffando la L con mordente, ma tuttavia bianca ne resti de'bagni *verdi anitra*, e *verdi bouteille*.

Tre mordenti mi furon utili per aver i blu composti, o di sassonia I. Il mordente L F formato senza bollire. II. L'A T con 9 grani di cremor di tartaro, e con una dramma di allume per 4 dramme di L. III Il mordente S $\frac{1}{16}$, è quello acconcio per i legni da tintura. Ma pei blu che si vogliono cambiar in verdi, quest'ultimo riesce meglio, stante che L F avviva meno il giallo, ed il secondo, in cui v'entra l'allume, decompone un po' il color di pioppa.

Quanto a'panni e lanaggi in pezza, non è difficile render in essi le tinte eguali, tanto in blu, come in verde.

Nel supplemento si rilevan nuovi tentativi fatti dal valente d'Ambournay sulla

scor-

scorza della betula per isciogliere la parte resinosa. A tal effetto trovò utile oltre lo spirito di vino, e l'acquavite (mestrui troppo dispendiosi pegli oggetti di tintura) un liscivio di soda, ridotto al grado quarto del pesa-liquori de' saponieri. Ma le lane soffrirono dall'azione dell'alcali nel loro nerbo, onde si rivolse a trattar il cotone preparato come pel rosso, che vi acquistò un nankin cannella, resistente alla prova del sapone. Per altro, in 36 pollici cubici di acque avendo posti sei pollici cubici di liscivio di soda come sopra, e fattevi cuocere 3 once di scorza fresca di Betula essendo il bagno ridotto chiaro, vi versò a poco a poco dell'olio di vitriolo. Allora la L vergine, solamente passata per la galla, alluminata, e rasciutta, vi acquistò un bell'atto cannella, come se provenisse da una leggera passata di robbia la quale passò nel follo, conservando il suo colore come se si fosse dato ad una L preparata col mezzo di paglia di sarrasino, di un po' di robbia, e di pioppa d'Italia.

N. B. Nuovi studj sul vino ricavato dalle bacche di frangola che dava all'autore buone lusinghe di trar una fecula blu da sostituirsi all'indaco. Suo consiglio di far molto vino di frangola, precipitarne e conservar la fecula, dacchè essa fecula tinge più egualmente che il vino, e si conserverebbe moltissimo tempo sotto minor peso, e volume, la qual cosa faciliterebbe di molto il trasporto di tal ingrediente.

Pki-

Phitolacca. E' bén notà la ricchezza e l'intensità porpora del sugo delle bacche di questa pianta vivace, che si moltiplica così facilmente ne' loro giardini. Dopo la sua raccolta di sperimenti, stampata nell' anno 1786, ricevette molte lettere con cui lo invitavano a far degli studj e degli sperimenti sopra tal frutto, che apparentemente lusinga tanto; ma deve confessar il vero, che fino ad ora, per quanti mordenti, o preparazioni abbia saputo immaginare, o usare, non ne trasse un partito che vaglia la pena di essere ripetuto. Resta dunque all'industria de' Fisici un campo da esercitarsi, onde ritrovare un'acconcia preparazione a tal materia colorante.

Plantago lanceolata. Piantagine con foglie strette. Nel dì 18 dicembre si abbatté in alcune di queste piante, le cui foglie erano ancor verdi e vegetanti. Ne ha formato un bagno, in cui la L col mordente S $\frac{1}{6}$ vi guadagnò un grigio-nocella molto uguale e saldo.

Iacobea vulgaris. Senecione comune. In semi-pinta d'A fece cuocer 4 once di steli freschi e fioriti; dopo un'ora di cottura passò il bagno, color di limone dorato, in cui una dramma di L col mordente S ammoniacale, pigliò dopo lunga bollitura una bella tinta di *ronce d'Artois*, molto salda. L'erba è troppo frequente negli orti, e sarebbe da bramare che si potesse dar tutta a' tintori.

Rubia tinctorum. Robbia. In 12 pollici cubici di A ha fatto cuocere due dramme del-

della sua più bella robbia raccolta l'anno
1787, esattamente scelta e macinata. Fatto
il bagno senza bollire, e passato, vi tuffò
una dramma di L vergine intrisa nel mordente S, lavata una volta. Il bagno mantenuto tepido per un quarto d'ora, poi leggermente riscaldato per 20 min., ne ritrasse
la L molto egualmente tinta in un color
di fuoco, molto simile allo scarlatto, in cui
si fosse profuso le *jaune*, cioè il giallo
(o la curcuma, come si fa in Inghilterra).
La L collo stesso mordente, ma due volte
lavata, vi pigliò un atto più roseo, ma
men lucido.

In semi-pinta di A fece cuocere per un'
ora 36 grani di fernambuco, e dopo che
la decozione fu raffreddata un poco, vi aggiunse due dramme di robbia, da cui trasse il colore tra caldo e bollitura. Passato
ch'ebbe il bagno, vi tuffò una dramma di
L, e una dramma di panno col mordente
S ¼, le quali tutte e due vi acquistarono
un superbo mordorè rosso, ardente alla
vista, che resiste all'aceto, ma che non
penetra il panno fino all'ordimento. Formò
ancora un altro bagno, in cui fece cuocere 36 grani di fernambuco, poi nove grani
di campeggio tagliuzzato, e una dramma
di robbia. Passato ch'ebbe il bagno, v' immerse una dramma di L, e un'altra di
di panno col mordente S ½, le quali presero un cremisì porpora molto bello, e resistente all'aceto; ma il panno non fu penetrato niente meglio dell'altro sopra riferito. Conchiuse che nell'un caso e nell'altro,

tro, la robbia fu bastevole a fissar i colori de' legni di fernambuco e di campeggio. Ma per tuoni dilicati e trasparenti non si potrebbe sostituirla alla corteccia di betula, che non comunica quasi punto di colore, laddove la robbia ne dà molto.

Tentò di formare de' bei mordorè affine di sostituirli agl'ignobili colori *cul de bouteille*, di cui se n'è fatto sì grande spaccio nell'inverno 1786. Il più bello di essi mordorè risulta dalla L col mordente S $\frac{1}{2}$ tinta a principio a peso per peso di bella robbia. Dopo l'effetto di questo primo bagno, tolse via la L, e nel rimasuglio allungato con un bicchier di acqua fece cuocere una metà del peso della L di legno di fernambuco, e passato che fu il bagno, vi rimise la L già tinta colla robbia. Ne nacque un mordorè, che partecipa dello scarlatto, e del cremisì forse un pò troppo acceso alla vista.

In un bagno di 75 boccali di acqua fece cuocer 6 ℔ di scorza secca di betula, poscia vi aggiunse 48 grani di campeggio tagliuzzato, che lasciò cuocer per un'ora. Nel bagno passato vi tuffò una dramma di L vergine intrisa di S, lavata una sola volta, la quale uscì tinta di un tuono grazioso di color viola mammola, ben eguale, saldo, e trasparente.

In un bagno assolutamente simile fece fondere 18 grani di sale ammoniaco di Egitto, e la L vergine intrisa in S, lavata una sol volta, vi pigliò una eccellente tinta di prugna *di Monsieur*, la più lucida

che

che avesse giammai ottenuta da' suoi saggi antecedenti senz' aggiunta di fernambuco.

In una semi-pinta di S fece cuocere un' oncia e mezza di fresche radici di robbia, peste in mortaio di pietra. Nel loro bagno passato vi pose una dramma di L vergine-intrisa in S, lavata in tre acque, ma ciò non ostante vi pigliò un vivo colore di fiori di Celidonia, o *glaucium*.

Genista anglica. Ginestra spinosa. Il signor d' Ambournai loda molto la forza tintoria di tal arbusto, il quale secondo lui non cresce che a piccoli cespugli isolati, e rari ne' luoghi inculti e nelle macchie.

In ¼ di pinta ec. fece cuocere un' oncia delle cime fiorite di tal picciola ginestra senza tagliuzzarla, e dopo un' ora di cottura, il bagno trovavasi colorito in limone purissimo. Passato ch' ebbe il bagno vi pose una dramma di L vergine intrisa in S, lavata una sol volta, che acquistò in un istante, e molto ugualmente, un giallo puro, il quale si è mantenuto per un quarto di ora tra caldo e bollitura. Allora ne levò una metà leggiadramente tinta in giallo bello e vivo, ch' esso credette atto a far del bel verde nel tino di guado. L' altra metà la ridusse a bollir per una mezz' ora, lo che fece in essa un giallo aurora ben dorato. L'una e l'altra parte conservò il suo tuono al follo, e in un quarto d'ora d'immersione nell' aceto. Gli piacque di vedere ciò che sarebbero per produrre i rami legnosi spogliati di ramoscelli, di foglie, e di fiori; quindi ne tagliò un' oncia, che

che cotta per un' ora nella sopraddetta quantità di A , gli diede un bagno affatto simile. Una dramma di L intrisa in S, lavata una volta, pigliò le medesime tinte ed un'egual solidità. La parte ridotta a giallo aurora con mezz'ora di ebollizione, avendola condannata a ribollir per un'ora, si è mutata in un atto, o tuono più carico, ma non lucido. Un terzo saggio sulla intera pianta generò gli stessi effetti.

M. Grandin , contento della leggiadria del giallo, trovò a ridire sulla quantità sperticata di ginestra, cioè da 7, o 8 volte il peso della L S' ingegnò adunque di ridurla a 4 volte il peso, ma la tinta non era più che un bel limone *coda di canarino*, lucida bensì, salda, e molto uguale, e però fa mestieri di 7, o almeno 6 volte il peso per avere un bel giallo ; cosa già osservata fin da principio , che i loro vegetabili danno bel colore, ma ne sono scarsamente provveduti.

Daremo fine anche al supplemento rapportando gli sperimenti dell'autore sul guado , o sia sull' *Isatis tinctoria* . Questa pianta fresca , qual si ritrae dal campo, non fu neppure per lo passato da lui provata colla speranza di ottener la sua fecula blu, colore che fino ad ora il nostro clima pare che rifiuti di concedere. Ciò non ostante leggendo quanto dice l'Hellot nella sua arte della tintura, gli si destò la voglia, veggasi pag. 221 , e seguenti edizione di Parigi anno 1750 . Ne seminò adunque nel mese di dicembre 1786 e li

16 giugno 1787 le foglie dell'*Isatis* avendo il lor lembo violetto, segno di lor maturità, ne prese una mezzana manata, e la fece cuocere in una pinta e mezza di A. Dopo un'ora di bollitura, il bagno bruno-mordorè fu ridotto chiaro, e vi mise una dramma di L inzuppata di S, e lavata, che prese e mantenne all'ebollizione una sorte di muschio violaceo, come se vi si fosse aggiunto il campeggio. Il continuar della bollitura volse tal colore tra nero e violetto. Essa L levata via, aggiunse al bagno restante alcune gocce di soluzione di ferro coll'acido marino: la metà della lana già tinta rimessavi, acquistò dopo 2 ore di bollimento un bel bruno nerastro trasparente.

Fece inoltre cuocere in una pinta e mezza di A una nuova manata d'*Isatis* che gli diede un bagno simile al primo; ne prese 12 pollici cubici in un vaso di vetro, e v'aggiunse l'alcali prussiano, ossia alcali flogisticato che lo convertì in verde.

Vi tuffò una semi-dramma di L preparata con A T, con l'aggiunta di un poco di soluzione di ferro: essa L pigliò inegualmente un picciolo blu verdastro; finalmente pose il vaso in un bagno-maria, che riscaldò fino a bollitura per un'ora, e la L uscì molestata dall'alcali, ma tinta però in un blu dilicato-celeste, saldo al sapone e all'aceto. Versò in una bacinella di ottone $\frac{1}{4}$ di pinta A, e un $\frac{1}{4}$ di pinta d'alcali prussiano, ed a picciolo fuoco v'infuse una mediocre manata di foglie di guado.

Ap-

Appena accresciuto un po' il fuoco, quel bagno, essendo tra caldo e bollitura, si colorì in verde *anitra* tirante al blu, di cui alcune gocce cadute sopra un piatto di maiolica, e svaporate, lasciarono delle macchie di un blu chiaro. Una tal posatura ben secca, stropicciata tra le dita, gli diede segnali di una finissima fecula di color dell'oltramare. Il medesimo giorno, nella stessa quantità di acqua, ma solamente con 8 pollici cubici di alcali prussiano, ripetè tal esperienza col medesimo esito, ma tostochè il bagno verde-anitra potè deporre del blu sul piatto, lo fece passare, e ne versò una parte in un gran bicchiere conico onde osservare il precipitato di questa fecula. Il solo movimento del travasarle coprì l'orifizio del bicchiere di una spuma blu, ne' cui intervalli si scorgeva una pellicola di rame, e dessa levata via colle barbe di una penna da scrivere, e posta ad asciugare sopra una carta, ritrovò essere di un bel blu indaco.

Avendo egli veduto pochissimo precipitato nel fondo del bicchiere conico, dimenò il tutto, e lo versò sopra una carta sugante che fu colorita in blu come se fosse stata dipinta con indaco diligentemente polverizzato e stemperato in acqua. Un tenuissimo globetto di fecula assai blu, potè raccogliere alla punta del filtro, e allora assicurossi di avere dell'indaco, estratto dalle foglie fresche del guado, ma in sì tenue quantità da non poterne sperar vantaggio alcuno.

Osservò che il color verde-anitra, e la

I 4   po

posatura blu sul piatto, non si poteva trar
che da' bagni in cui vi fosse meschiato alcali prussiano, onde conchiuse che fosse
necessaria l'aggiunta dell'alcali. Ora l'alcali prussiano non lasciando di essere dispendioso, quindi passò al liscivio caustico
de' saponieri, al grado quarto del pesa-liquori, e ne conseguì il medesimo effetto.
Dopo aver filtrato tutto il bagno, raccolse
22 grani di fecula secca, rassomigliante
all'indaco proveniente dalla pianta *Aneil*,
salvo un po' meno d'intensità nel calore.
Per assicurarsi della identità coll'indaco,
la sciolse nell'olio di vitriolo per formar
il blu detto di Sassonia, e ne ritrasse sulla lana in fiocchi, e sui lanaggi, i medesimi effetti, come se avesse usato dell'indaco di America. Da ciò incoraggito, si
diede a fare degli sperimenti più in
grande.

Versò adunque in vaso di maiolica due
secchie di acqua di pozzo, e ne tenne immerse 4 ℔ e mezza di foglie fresche di
guado. Al terzo giorno, la superficie dell'acqua
verdastra era coperta da una specie di polvere blu, e le bolle che la fermentazione
facea salire, formavano una sorte di schiuma dello stesso colore. In 4 giorni, essendo
le foglie macerate assai, e dando un odore
acido fetido, furono levate, non essendo il
colore che olivastro; fu travasato poi il liquore in vasi cilindrici atti ad agevolar la
riunione della fecula, se mai ne deponesse.
Non comparve deposizione di sorte alcuna,
donde la necessità d' introdurvi l'alcali;

quin-

quindi infuse una pinta di liscivio caustico di soda, poscia con tre bacchette riunite assieme diguazzò fortemente il miscuglio per 10, o 11 min. Passò il colore olivastro gradatamente al verde anitra, poscia al verde di lavagna con molta schiuma azzurrognola, e lasciò quindi riposar il tutto per 6, o 7 giorni.

A capo di tal tempo ritrovò il liquore scolorito nella sua superficie, fu decantato finchè comparve la posatura, e il liquido allora erasi ridotto a due pinte. Fu di nuovo dimenato colle bacchette, e versato sopra filtri, d'onde raccolta la fecula, e rasciutta, fu tagliata in piccioli cubi, o dadi rassomiglianti all' indaco della Carolina, che pesavano un'oncia e sei dramme.

Avvertasi che in due secchie d'acqua avendovi posto 4 ℔ e mezza di foglie di guado verdi, e versatavi subito una pinta di liscivio come sopra, le foglie passarono alla petrificazione senza dar un atomo di blu, il che diede a vedere che l'alcali vuol essere adoperato dopo lo sviluppo del colore, nato dal movimento interno nel vegetabile col mezzo del calore dell'aria, e col mezzo dell'acqua.

Immerse dunque di bel nuovo nel medesimo vaso con tre secchie di acqua 5 ℔ e 10 once di foglie fresche perfettamente mature, le quali avendo fermentato nello spazio di 4 giorni, levò via le foglie, e vi aggiunse una pinta, o un quarto di tutto il liquore di liscivio caustico come sopra. Avendo poscia dimenato il tutto colle solite

lite bacchette , e filtrato, venne ad avere
2 once di buona fecula rassomigliante all'
indaco .

Le acque decantate, rimanendo assai co-
lorite in verde blu, gli davan a vedere una
fecula , ma tanto sottile e attenuata , che pas-
sava a traverso la carta sugante . Ne versò
in due bicchieri conici , dove vi aggiunse un
po' di soluzione di una dramma di allume
romano in 12 pollici cubici di acqua. Essendo il tutto ben agitato, vide in mezz'
ora di tempo un *magma* blu, occupante un
terzo del bicchiere . L'acqua galleggiante
tirava al rossiccio , fu decantata , il *magma*
fu messo sopra un filtro , ove depose una
fecula di blu lavagna da poter tuttavia
adoperarsi .

Rimaneva solamente a vedersi se la fecula fosse buona anche pel tino a caldo.
Conformossi adunque a quanto insegna monsieur Hellot nella sua arte della tintura p. 163... 165.

Fece bollire perciò per ¼ d'ora in una
pinta e mezza di A una dramma e mezza
di robbia, e once 3 di ceneri clavellate,
versò il liquore in un vaso di vetro, contenente 3 pinte e mezza, che fu prima riscaldato nell'acqua gradatamente fino all'
ebollizione. Nel tempo stesso pestò coll'
acqua calda , più diligentemente che fu
possibile, in mortaio di vetro 3 once di sua
fecula di guado, che poi versò nel vaso.
Fu dimenata ogni cosa con spatola di legno, e 4 ore dopo mise il vaso in un bagno di ceneri, onde poterlo mantener tepido

pido col mezzo di una lucerna, che ardendo di sotto giorno e notte, lo dispensava dal vegghiare, e dal sostener egualmente il fuoco. Altra cura non ebbe che mescolar il suo picciol tino, due sole volte al giorno con ispatola.

Dopo 48 ore (e ciò fu ai 28 ottobre) il tino principiò a mandar odore d'alcali volatile. Galleggiarono delle bolle azzurre; ben tosto la superficie del bagno si fece blu, e soffiandovi sopra lasciava veder il suo color verde. Dopo tre ore vi mise un pezzo di panno bianco bollito soltanto in acqua pura, ed uscì con un colore verde opaco, che all'aria divenne azzurrognolo e sporco.

Allora in tre quarti di pinta ec. fece bollire un'oncia e mezza di ceneri clavellate con un po' di crusca di formento, e con tal aggiunta versata, il tino era riempito fino a un ditò vicino all'orlo. Si è dimenata ogni cosa colla spatola, e fu lasciato riposar fino all'indomani mattina, mantenendo il medesimo calore temperato col mezzo della lucerna accesa.

Il tino parendo disposto a dar colore, vi fu immerso un piccolo cerchietto, affinchè la roba non toccasse il fondo, e fu tinta della L in fiocchi, de'lanaggi, e qualche matassina di cotone, il tutto semplicemente bollito in sola acqua, e bene spremuto. Tutte queste coserelle uscivano ben verdi, e pigliavano all'aria un blu vivo, la cui intensità dipendeva dalle ripetute immersioni.

Due

Due giorni dopo avendo versato un rinforzo somigliante a quello di due giorni innanzi, avendo rimescolato ogni cosa, e lasciatala riposare, l'indomani ricominciò a tingere, e il tino ritenne forza sufficiente (coll'aggiunta di un terzo rinforzo) onde usarlo per due giorni a tinte più rimesse. I suoi saggi in blu han retto alla prova degli acidi e degli alcali. Non resta dunque luogo a dubitare dell'analogia quanto agli effetti dell'indaco nostrale con quello proveniente d'America, e basterà operar in grande; al qual fine il d'Ambournai dice di aver seminato del guado ne' campi.

Non contento di ciò, va specolando di trar dal cavolo blu della fecula, per esservi qualche analogia fra il guado e il cavolo.

Nel terzo bicchiere egli versò orina putrefatta, la quale fece nascere la stessa quantità di magma, ma di colore grigio lavagna, e di pochissimo valore.

Restano dunque a trovarsi i precipitanti che meno danneggino il colore, e la quantità della fecula precipitata. E certo che la quantità del liquore da filtrarsi contenendo la fecula, rende l'operazione assai lunga, e troppo delicata. Questo è l'unico difetto che l'autor riconosce nella sua manipolazione, essendo tutto il resto di minor imbarazzo, di quello che sia la cura e la fatica onde ridurre il guado in istato da vendersi pei tintori.

Non contento di piccoli sperimenti, immerse in 13 secchie di A 35 ℔ di fresche fo-

foglie di guado, le quali trattate nel modo
delle prime, gli diedero i medesimi risultati, e la fecula rasciutta pesava 8 once.
Rifece la medesima operazione, e inferì
che 100 ℔ di foglie possono produrre a un
di presso una ℔ e mezza d'indaco.

.. Istituisce il suo calcolo in questo modo:
70 ℔ di foglie usate nelle due fermenta-
zioni uscite da'tini, furono seccate in istuo-
re ben ventilate, ma pur coperte. Arrivate che furono ad essere secche, non pesa-
van più che ℔ 9. Supponiamo che 70 ℔ di
foglie secche abbian perduta nell'acqua fer-
mentante una metà della lor sostanza paren-
chimatosa, a segno di formar le palle di
guado vendibili, ne produrrebbero 18 ℔, le
quali vendute a 4 soldi, e sei denari alla
℔, come si vende il guado nella bassa Normandia, non darebbero che lire 4 e un
soldo in contante. Ora le 70 ℔ di foglie
verdi avendo dato una ℔ d'indaco, essa
vale per lo meno lire 6. Vi sarebbe dunque un guadagno di 50 per 100 seguendo
la nuova manipolazione di estrar la fecula,
e vi sarebbe risparmio di condotta. Aggiunge l'autore che il guado coltivar potrebbesi ne' monti, dove cresce spontaneo,
e ridotto che fosse in fecula, sarebbe un
ingrediente facile ad usarsi per le tintorie,
laddove in palle è difficile, e d'azzardo.

Giova assai l'avvertire, che avendo voluto nel mese di settembre fare una nuova
operazione sopra 35 ℔ di foglie verdi, osservando tutte le sopraddette cautele, ciò
non ostante essendosi cambiata la temperatura

tura dell'aria per un vento nord, la fermentazione rimase languida, e la fecula ricavata non era che verdastra, e d'inferior qualità. Lo stesso pure avviene in America, e questi sono i contrattempi che succedono ai fabbricatori dell'indaco. In Normandia adunque, dic'egli, non si potrà fare somigliante lavoro che dalli 15 giugno sino alla fine di agosto, ma ne'climi più caldi, come in Linguadoca si avrà maggiore facilità (il che pure avverrà in Italia o in buona parte di essa, salvo qualche anno irregolare come il presente 1791).

Della tintura della Seta.

Il miglior trattato ch' esista sopra tale argomento, è quello del fu celebre signor Maquer, assicurando egli stesso che nella descrizione di tale tintura vi si ritroverà tutta l' esattezza e la buona fede, che forma il merito essenziale di somiglianti opere. Ora lasciando noi da parte tutto ciò che risguarda la teoria, ci faremo ad esporre i processi suggeriti dall' immortale chimico.

Il cuocimento della seta si ottiene col mezzo dell'acqua calda, carica di una certa quantità di sapone, ma le circostanze dell'operazione si cambiano secondo gli usi a cui viene destinata la seta medesima, come fra poco vedremo. Le sete, alle quali si vuol dare il massimo grado di bianchezza, si cuocono in due volte, come sarebbero per esempio quelle che debbono rimanere bianche, e con cui si vogliono formare de' drappi bianchi; e si cuocono in una sola volta, e con minore quantità di sapone quasi tutte quelle che hansi da tingere in varj colori, mercecchè il rossiccio che lor resta, non impedisce punto la bellezza de' colori; si adoperano per altro diverse quantità di sapone secondo i colori a cui vengono destinate, come si vedrà particolarmente trattando delle varie tinture.

Del

Del cuocimento delle Sete pel bianco.

Primieramente si deve passar un filo per ogni matassa di seta, affinchè non si abbiano ad attortigliare assieme, e la quantità delle matasse riunite è differente secondo le varie fabbriche, a cui daremo il nome di *manipolo*. Dipoi si fa riscaldare, in una caldaia ovale, una sufficiente quantità di acqua di fiume, o di altra acqua capace di sciogliere il sapone in ragione di 30 per 100 del peso della seta, e tagliasi in piccioli pezzetti, onde più facilmente si disponga a sciogliersi.

Squagliato che siasi il sapone nell'acqua bollente, si riempie la caldaia di acqua fresca; chiudonsi le porte del fornello, e si scema il fuoco, affinchè il bagno resti caldissimo, ma senza bollire, poichè se fosse altrimenti, farebbe guastar la seta, e segnatamente la più fina.

Nell'atto che si va preparando il bagno, si passano le matasse pei bastoni, e tostochè esso è fatto, vi si pongono le sete, e vi si lasciano dentro finchè si vegga scaricata di gomma la parte immersa, il che si riconosce dalla bianchezza e pieghevolezza che piglia la seta nel perdere la sua gomma. Allora si rivolge ne' bastoni onde abbia a soggiacere alla medesima operazione anche la parte non immersa, e si ritira dal bagno a misura ch'è seguita la imbiancatura; avvertendo che le matasse immerse alla bella prima, sono quelle che

più

più presto imbiancano. La seta così spogliata della sua gomma, torcesi sopra un cavicchio, onde perda il sapone, e maneggiasi per riordinarla.

Poi si passa una corda per le matasse, affinchè rimangano soggette nel cuocimento, il che dicesi *metter la seta in corda*. Si fan passare da 8, o 9 matasse per ogni corda; il che fatto, si pongono le sete in saccho o borse di tela forte e grossa, e tali sacchi sono larghi da 14, o 15 pollici, e lunghi 4, o 5 piedi, e chiusi pei due capi, ma aperti per tutta la loro lunghezza. Posta che vi si abbia la seta, si cuce per lungo il sacco con filo grosso, il quale si ferma con un nodo. Nel sacco vi si mettono da 25, o 30 ℔ di seta.

Preparata in tal modo, si fa un nuovo bagno di sapone somigliante al primo, vale a dire vi si pone la stessa quantità di sapone per ogni centinaio, e squagliato ch'esso siasi, e spento il bollimento coll'aggiunta dell'acqua fresca, vi si ripongono dentro i sacchi, e si fa bollire l'acqua per un'ora e mezza. Se l'acqua bollente si levasse un po' troppo, si ferma con un poco di acqua fredda. Nel cuocere si vanno rimenando i sacchi con un bastone, cioè facendo salire sopra quelli che stavan di sotto, onde impedire che la seta non si abbruci essendo in contatto per troppo tempo col fondo della caldaia; oltre a ciò, siffatto movimento serve a farla cuocere più egualmente, e anche più presto. Questa operazione si chiama *cottura*, e si fa per le sete destinate a ri-

K   ma-

maner bianche, la quale si eseguisce in una
caldaia rotonda.

Cottura delle sete destinate alla tintura.

Per cuocere le sete che si han da tingere, debbonsi porre 20 ℔ di sapone per ogni
100 di seta cruda, e la cottura si fa in
tutto e per tutto come nell'operazione testè descritta, colla sola differenza, che come non si vuol levar la gomma, si fa bollire per 3, o 4 ore, ponendo mente di rimettere di quando in quando dell'acqua,
ondè aver si possa una conveniente quantità di bagno. Per altro, se si destinan le
sete al blu, al grigio di ferro, al colore
di zolfo, e ad altri colori che amino di
essere sopra un fondo bianco perchè abbiano tutta la leggiadria che si può desiderare, adopransi per la cottura 30 ℔ di sapone per ogni 100 di seta, e si fan bollire
per lo spazio di 3, o 4 ore.

Finalmente, se la seta deve tingersi in
ponsò, ciriegia, ed altri rossi provenienti
dal cartamo, detto anche *osfor*, si adopra-
no per la cottura 50 ℔ di sapone per ogni
100 di seta, mercecchè egli è necessario
che imbianchi a somiglianza di quellla che
ha da rimaner bianca. Cotte che sieno le
sete, si ritraggono i sacchi dalla caldaia
col mezzo di un bastone, e si dee badare
che il sito in cui si pongono i sacchi, sia
netto per fuggire le macchie che penetrar
potrebbero a traverso del sacco. Ciò fatto,
si scioglie il nodo del grosso filo che passa

per

per lo lungo del sacco, levansi le sete per vedere se sieno cotte a dovere, vale a dire dove la bollitura non abbia ben penetrato, il che si rileva facilmente dal giallo che rimane in que' dati luoghi. Scoprendosi questo difetto, bisogna ricuocerle facendole bollire di bel nuovo per qualche tempo, e quando vedesi che tutta la seta sia ben cotta, si ritirano i sacchi nel modo che si è detto. Levate le sete dai sacchi, si mettono sul cavicchio per poi disporle alla tintura che piacerà lor dare.

Osservazioni sulla cottura e sgommatura.

Devesi adoperare il miglior sapone bianco per cuocerlo. Ogni altra sorte di qualità inferiore non riesce bene, e inoltre il risparmio non sarebbe gran cosa, stantechè ve ne vorrebbe una quantità di gran lunga maggiore. Vi sono de' saponi, i quali si addensano colla gomma della seta, e vengono a formare con essa una materia della medesima consistenza come se fosse vera.

Qualcheduno ha voluto adoperare un sapone in cui vi entrasse del grasso, ma si osservò che le sete cotte così, non avevano giammai la lucentezza conveniente, ed a lungo andare divenivan rossicce.

La seta perde ordinariamente cuocendosi $\frac{1}{4}$ del suo peso, e ve ne sono alcune, come sarebbe a dire le trame di Spagna, di Valenza e di altri paesi, che perdono 2, o 3 per 100 di vantaggio.

Il bagno di sapone adoperato per cuoce-

re

re la seta, appuzza, e si guasta molto presto, ed allora non serve più a nulla. Se fa caldo, e si serbi la seta cotta, ammontata per 6, o 7 giorni, senza essere spogliata e rimondata dal sapone, essa si riscalda, piglia mal odore, e nascono de'vermini bianchi della medesima forma di quelli di una carogna: essi vermini non mordono punto la seta, ma soltanto l'acqua di sapone mescolata colla gomma, e tal seta va soggetta a indurirsi. La seta non cotta, o sia cruda, è dura, talchè la cottura diventa assolutamente necessaria sì per levarle tali cattive qualità, come per togliere il color giallo, che hanno naturalmente molte sorti di seta. E poi necessario valersi di acqua ben pura, la quale sciolga perfettamente il sapone. L'acqua di fiume, sebbene limacciosa, non fa che non sia atta a cuocere le sete, ma in tal caso conviene lasciarla posare per qualche tempo: si pone poi nella caldaia, e separasi nel seguente modo.

Si fa riscaldare senza bollire, dipoi vi si getta a un di presso una ℔ di sapone per ogni 30 secchie di acqua. Il sapone fa salire alla superficie dell'acqua le impurità e porcherie in forma di schiuma, che si levan via, e dopo si fa cuocere la seta nel modo ordinario. Tali sono i metodi usati finora in tutte le manifatture di Europa per cuocere ed imbiancare le sete; ma forse potrebbero essere cambiati, poichè i principali negozianti e fabbricatori di drappi di seta riconobbero da molto tempo,

che

che le sete imbiancate col sapone han parecchi difetti, e meno lustro di quelle della China, che diconsi cotte senza sapone. Questi riflessi han condotto l'accademia di Lione a propor pel premio dell'anno 1761 un nuovo modo d'imbiancarle senza sapone, e il premio fu dato al signor Rigaut di s. Quentin (a). Esso Fisico subodorando che l'olio, uno de' componenti del sapone, poteva comunicar alle sete le male qualità di cui ognuno si querela, propone di sostituir al sapone una soluzione di sal di soda, o di *cenere di Spagna*, distesa o allungata in buona quantità di acqua, per non guastare ed indebolire la seta, il che certo soddisfa il disegno dell'accademia.

Del Bianco.

Le sete spoglie della loro gomma, e cotte acquistano il maggior grado di bianchezza che conseguir possano con tal sorta di operazione, ma siccome sonovi diversi tuoni di bianco, i quali han un poco di gial-

---

(a) Crederei che il natro proveniente dall' Egitto si potrebbe adoperare con molto profitto in Venezia, giacchè è un alcali ben caustico della soda, e per tale fu riconosciuto dal benemerito signor Giovanni Arduin, che ho veduto metterselo alla bocca senza timore di sua causticità. Gioverebbe dunque verificare la cosa col mezzo degli sperimenti, e regolar l'allungamento dell'alcali in ragione inversa di sua causticità, o forza. Chi sa che il metodo adoperato dal Rigaut non migliorasse di molto lustro delle nostre sete?

giallastro, altri un poco di blu, altri del rossiccio, i tintori sono obbligati per far prendere alle sete il tuono particolare di bianco che desiderano, di aggiungere certi ingredienti, sia nel levare la gomma, sia nel cuocerle, ovvero in un terzo bagno molto leggero di sapone detto imbianchimento. Diremo adunque delle maniere di dar alla seta i principali tuoni di bianco.

Distinguonsi da' tintori cinque sorti di bianco, che si chiamano Bianco della China, Bianco dell'Indie, Bianco di latte, Bianco di argento, e Bianco blu. Tutti questi bianchi non differiscono gli uni dagli altri, che per tuoni leggerissimi, ma non ostante sensibili alla vista, specialmente ponendoli a confronto gli uni cogli altri.

I tre primi primi Bianchi si sgommano e si cuocono come già abbiamo insegnato; ma per formare il bianco della China si dà alla seta un poco di *Rocou* o Oriana (pasta tratta dalla macerazione dei semi di un albero che coltivasi nelle isole dell'America). Nell'imbianchimento, quando si voglia avere un po' di rossiccio, e il bianco dell' Indie, altro non occorre che far passare la seta per l'imbianchimento, salvo che volendo un po' di blu, se le dà un pochino d'indaco preparato come qui appresso diremo. Anche il bianco di latte si fa passare per l'imbianchimento che descriveremo, con un po' di blu. Ma pel bianco di argento, e pel bianco azzurro, conviene porvi del blu nello *sgommare*, il che si fa nel seguente modo.

Pi-

Pigliasi del bell'indaco, lavasi due, o tre volte nell'acqua mezzanamente calda, poscia si pesta bene in un mortaio, e vi si getta sopra dell'acqua bollente. Si lasciano riposare, e cadere giù le parti più grosse dell'indaco, e non si prende che il chiaro detto azzurro. Mettesi di tal azzurro nel bagno di sapone destinato allo sgommare, e quanto alla quantità non vi ha niente di costante, o di limitato, perciocchè se la seta non si ritrova a sufficienza blu, se le ridona dell'azzurro nell'imbianchimento. Pel bianco di argento e pel bianco blu, vi si pone dell'azzurro nel cuocere a stima come ancora nello sgommare.

Allorquando si è fatta la cottura, levasi la seta della caldaia col mezzo di un bastone, ma in vece di gettare a terra i sacchi, si pongono in un vaso pieno di acqua chiara, apresi il sacco nell'acqua, e si ritira lasciando la seta nell'acqua: essa si distende col mezzo delle corde, dopo di che si leva, e si pone a traverso di un legno, affinchè sgoccioli nel vaso. Questa prima acqua di sapone viene rimessa nella caldaia, dove si è fatta la cottura di bianco, onde serva per un'altra cottura. Si riempie il vaso di nuova acqua chiara, in cui si risciaquano i bianchi, poi si sgocciolano, e si riordinano facendo matasse capaci ad esser spremute. Nel tempo istesso si prepara nel seguente modo l'imbianchimento.

Dell'

Dell' imbianchimento.

Per fare l'imbianchimento, si riempie una caldaia di acqua chiara e limpida, e ad ogni 30 secchie di acqua vi si mette una ℔, o una ℔ e mezza di sapone: si fa bollire, e quando siasi fuso il sapone, si rimescola l'acqua con un bastone per osservare se l'imbianchimento riesca troppo untuoso, o men del dovere. Sì l'una che l'altra cosa sono da fuggire, poichè se riesce troppo magro, le sete non pigliano una tinta uniforme, e se per lo contrario fosse soverchiamente untuoso, non riceverebbero l'azzurro come conviene, e avrebbero delle macchie d'azzurro variamente sparse. Rilevasi, che l'imbianchimento va a dovere, se battendolo con bastone ci dà una schiuma nè forte, nè debole, e allora si pongono le sete in bastoni, e vi si ripassano nel modo seguente.

Pel bianco della China si ripassa la seta nel bagno, aggiungendovi un poco di *Roucou*, ossia oriana, se vogliasi che abbia un po' di tinta rossiccia. Per farla passar nel bagno, si deve far così: vi si tuffan tutte le matasse collocate sui bastoni, e questi si pongono in maniera che le due estremità posino sugli orli del vaso, e le matasse poste verticalmente s'immergano nel bagno medesimo, salva la parte superiore esterna, ritenuta dal bastone, non dovendosi riempire di troppo il vaso, onde vi sia dello spazio per operare. Si piglian poi una dopo l'altra,

tra, e si rivoltano affinchè ogni parte della matassa venga tuffata. Tal operazione che si va ripetendo varie volte finchè la seta abbia pigliata uniformemente la tinta che se le vuol dare, si dice *ripassar la seta*. Questa pure si ripette nel principio tutte le volte che si tratti di far prendere qualche colore alla seta, e si bada a passar la matassa continuamente, o finchè la tintura sia divenuta eguale. Verso la fine, o quando il bagno sia debole, non occorre ripassar le matasse con frequenza.

Pel bianco dell'Indie si ripassan nella stessa maniera, e vi si aggiunge dell'azzurro, se si vuole che la seta abbia un po' di blu. Per gli altri bianchi si aggiunge un po' di azzurro in ragione della tinta che si vuol avere. In tutta questa operazione bisogna badare che il bagno sia ben caldo, ma senza bollire, e ripassar la seta pel bastone finchè abbia pigliato una tinta o tuono eguale, il che succede in quattro o cinque ripassate. A misura che le sete sono ben tinte, si torcono a secco, dopo di che si distendono sopra le pertiche per rasciugarle solamente, ovvero col vapor dello zolfo, come esporremo qui appresso.

Sul modo di dare lo zolfo.

A tutte le sete destinate a rimaner bianche, per qualunque sorta di drappo che si voglia, salvo il moèrro, si deve dar loro lo zolfo, poichè l'acido di esso compie di

dar

dar il massimo grado di bianchezza. Sopra pertiche poste all' altezza di 7 o di 8 piedi, si distendono le sete che han da ricevere lo zolfo, e quindi si sceglie una stanza alta senza cammino, ovvero un granaio, dove si possa dar accesso all'aria aprendo le porte e le finestre.

Mettesi per 100 ℔ di seta a un di presso una ℔ e mezza, o 2 ℔ di zolfo in pentola di ferro, nel cui fondo vi sia un poco di cenere; si accendono i bastoni di zolfo con candela che comunicherà la fiamma a tutti. Chiudesi bene la stanza affinchè il vapore solfureo non si perda, e si lascia bruciare tutto lo zolfo pel corso della notte. L' indimani si aprono le finestre perchè se ne vada il vapore, e si asciughino le sete, il che basta nella state. Ma nell' inverno, dopo che passò l' odor dello zolfo, si richiudono le finestre, si mette del carbone acceso nei bracieri per far asciugare le sete. Importa moltissimo, che la stanza in cui si dà lo zolfo, abbia la porta e le finestre capaci ad aprirsi senzachè vi si abbia ad entrare; bisogna lasciarle spalancate finchè si rinnovi l' ambiente, senza di che la persona andrebbe a rischio di rimanere soffocata, sì pei vapori dello zolfo, come per quelli del carbone. Allorchè lo zolfo sia consumato, vi si ritrova una nera crosta che si leva via dalla cenere: essa è molto combustibile, e serve per accendere in seguito lo zolfo molto più facilmente. Per vedere se le sete sieno bastevolmente rasciutte, si torcono sul cavicchio,

chio, e se non si attaccano le une colle
altre torcendole, van bene; ma se si attaccano, si rimettono ad asciugare.

Osservazioni sui bianchi, e sul dare
lo zolfo.

Siccome lo zolfo dà un non so che di
rigido alle sete, evvi l'uso di non darlo
a quelle che destinate sono a fabbricar
del moerro, poichè la seta dopo il vapore
dello zolfo resiste soverchiamente all'impressione del mangano, sotto il quale si fa
passare il drappo per mareggiarlo.

Per ischivare l'inconveniente della durezza che piglia la seta col vapor dello
zolfo, vi è l'uso in certe manifatture di
levar loro lo zolfo, il che consiste nell'am-
mollarla in varie volte nell'acqua calda,
e rivolgendola e ripassandola come si fa
nel tingerla. Questa operazione la riduce
men dura, ma sempre resta men capace di
essere mareggiata. Per altro volendo
tingere delle sete state esposte allo zolfo,
converrebbe levarglielo, essendovi parecchi
colori che non riuscirebbero senza tal precauzione, e sono tutti quelli che non possono reggere all'unione degli acidi.

Allorquando le sete sono state esposte
allo zolfo, se si scorge che non abbiano
blu a sufficienza per l'atto di colore che
si desidera, convien dargliene di bel nuovo con acqua chiara e senza mescolarvi
sapone; inoltre è da sapersi che adoperando acqua cruda come quella di alcuni

poz-

pozzi, il blu si fa più forte; e se per lo contrario si adopera acqua di fiume molto dolce, il blu tira un po' più al rossiccio. Dopo avere ripetuto il blu per la seconda volta, si espongono le sete allo zolfo. Resta a sapere, che lo zolfo dato loro la prima volta non è inutile, poichè l'acido dello zolfo fa pigliar più facilmente alla seta l'azzurro che se le dà con l'acqua sola; non sarebbe però così con quello che se le dà col sapone.

Rispetto alla seta cotta, se non si avesse blu, potrebbesi meschiare un po' di bagno d'indaco preparato per tingere in blu, detto da' tintori *blu di tino*, e che produrrebbe il medesimo effetto; supposto per altro che il blu fosse tratto da un tino che ritenesse ancora tutta la sua forza. Potrebbesi anche adoperar il blu di tino per dar l'azzurro coll'acqua; ma è solito a dare un tuono men vago, perchè mescolando poca quantità di blu di tino in molta acqua, perde di sua qualità, e cade nel grigio.

Vi sono de' drappi fabbricati sempre con sete crude, e fornite della loro gomma e della loro nativa durezza, conciossiachè debbono essere durissimi, e quasi ripieni di gomma: tali sarebbero i merletti detti *bionde*, i veli, e altri generi di tal qualità. Ben si vede, che tali drappi non debbono essere spogli della loro gomma, nè cotti, e si dan loro i preparativi per la tintura di cui han bisogno senza averli assoggettati alle preliminari operazioni da noi indicate: quindi avremo cura di notare alla fine di ogni processo per tingere, ciò che far si deve onde dare alla seta cruda tutt' i varj colori. Ecco dunque quello che risguarda le sete da adoperarsi crude e bianche per le stoffe, o drappi di cui parlammo.

Bisogna scegliere quelle che sono naturalmente le più candide, ammollarle nell' acqua, esporle allo zolfo, e dopo dar loro il blu con acqua chiara, torcerle di bel nuovo, o spremerle, ed esporle nuovamente allo zolfo; tal è almeno il metodo ordinario di trattarle. Ma l'esperienza ci ha insegnato, che si può ottenere lo stesso effetto, tuffandole in un bagno di sapone come si fa imbiancandole, e caldo a segno da potervi tenere la mano. Si ripassano sopra questo bagno, ponendovi anche del blu, se occorresse. Arrivate che sieno a un punto ragionevole, si lavan bene in un fiume, il che rende loro la durezza perduta nell'acqua di sapone, poi si spremono o torcono, e si espongono allo zolfo. Basta notare che tal sorte d'imbianchimento della seta cruda non si fa che per le sete di paesi, d'inferior qualità; mercecchè le belle di nanchin, naturalmente fornite di bellissimo bianco, non han mestieri di tal operazione.

Dell' alluminatura.

Essa si dee considerare come una delle operazioni ordinarie per la tintura, percioccchè l'allume è un mordente, senza cui i colori non potrebbero attaccarsi alle materie

rie da tingersi, o almeno non avrebbero
nè leggiadria, nè durata; questo sale riunisce in se due proprietà meravigliose ad
essenziali per la tintura; dà rissalto ed
una infinità di colori, e li ferma sulle stoffe in modo stabile e di buona durata. Esso si adopera nella tintura della lana, del
cotone, del filo e della seta, ma le manipolazioni sono varie; ecco il modo di
usarlo per la seta.

In un tino, o mastello della tenuta di
40, o 50 secchie vi si pongono 40, o 50 ℔
di allume romano, che prima siasi fatto
disciogliere in una caldaia piena di acqua
bastantemente calda. Convien badare, versando l'allume disciolto nel tino, o mastello, di ben dimenare e mescolare, poichè
il fresco dell'acqua potrebbe farlo cristal-
lizzare, e in tal caso la seta che vi venisse
posta, si riempirebbe di piccioli cristalli
di allume. Se mai accadesse somigliante
accidente, si ripassa la seta sopra un poco
di acqua tiepida, mediante la quale se ne
vanno tutti i cristalli, e si potrà rimetter
essa acqua nel tino di allume.

Dopo aver lavato le sete dalla saponata,
e dopo averle torte sul cavicchio per levar loro qualche resto di sapone, si passano per le corde appunto, come si fa per
cuocerle. Si tuffano nell'allume tutte le
corde, le une sopra le altre, badando che
le matasse non sieno troppo attortigliate,
e che le corde sieno in ordine, affinchè
tutte restino sommerse. Si lascian così per
8, o 9 ore, regolarmente dalla sera fino
all'

all'indimani mattina: ciò fatto si ritirano, si spremono colle mani sul tino, si conducono al fiume per lavarle, e si battono, quando sia necessario, come già avvertiremo.

In alcune fabbriche in luogo di porre le sete sulle corde per alluminarle, si passan per bastoni, riponendo 3, o 4 matasse per ogni bastone, e si rivolgono 3, o 4 volte; poi si tuffano interamente nel bagno, un' estremità del bastone rimanendo appoggiata sul tino, o mastello. Per ischivare che le sete non escano dai bastoni, si ha cura di aver una pertica, sulla quale appoggino l'estremità de'bastoni. Si può conseguire lo stesso col mezzo di una corda, ec.

Avendo formato il bagno di allume, vi si possono far passare da 150 ℔ di seta senza aggiungere nuova materia; ma quando si principia a vedere che s'indebolisce, il che si ravvisa facilmente con un poco di uso mettendone un po' sulla lingua, e facendo allora poca impressione, si fan di nuovo sciogliere da 20, o 25 ℔ di allume che si ripone nel bagno colle medesime avvertenze, e si continua in tal modo a rimetter l'allume in ragione delle sete alluminate, finchè il bagno comincia a prendere un mal odore, il che accade o più presto, o più tardi, secondo la quantità della seta che vi è stata tuffata. Allorquando il bagno principia a dar cattivo odore, si cercherà di farlo finire, facendovi passar le sete sole destinate a' colori bassi, come i marroni e i bruni ec. e poi si getta via, si risciacqua il tino, e formasi un nuovo bagno.

Os-

Osservazioni sull' alluminatura.

Quando un tino, o mastello ha servito per un certo tempo all'alluminature, vi si forma all'intorno un incrostamento che giunge fino alla grossezza di un tallero, più sopra i lati, di quello che nel fondo; avvertendo che come le sete nel fondo arrivano a levare via di essa crosta, così ne impediscono l'aumento. I tintori non soglion levare tale incrostamento, perchè non han rilevato che produca cattivo effetto: per lo contrario serve a ritener meglio il bagno. Una tal deposizione proviene dalle sete che si pongono nell'allume, le quali non sono affatto spoglie di tutto il sapone della cuocitura; quindi i resti del sapone e una parte dell'allume si decompongono vicendevolmente, e formasi dall'unione dell'acido dell'allume coll'alcali del sapone un sale detto tartaro vitriolato, e dalla terra dell'allume coll'olio una materia densa; tutto ciò riunito forma l'incrostamento di cui qui si ragiona.

Pare altresì, che da'resti del sapone nella seta, allorchè si pone nel bagno di allume, provenga la puzza contratta dal bagno, dopo che ha servito per un certo tempo. Le sete sempre si alluminano a freddo per aver osservato, che alluminate in un bagno caldo, van soggette a perdere una parte del loro lustro. Di più ci ha insegnato la pratica essere molto meglio l'alluminar le sete in un bagno ben provveveduto di allume, di quello che in bagno debole, poichè con alluminatura gagliarda siamo sicuri di trarre miglior tintura, laddove essendo debole, la tintura si trae difficilmente, e non resta eguale.

Della tintura blu.

Il blu si forma sulla seta coll'indaco, come sopra tutte le altre materie da tingersi; ma una tal droga è di un'indole particolare, vale a dire, la materia colorante di esso è resinosa, non comunica all'acqua verun colore, in cui essa è indissolubile; quindi conviene dividerla, o scioglierla con materie sane, e per via di una sorte di fermentazione, giacchè una siffatta tintura esige operazioni particolari, e vasi di una adattata struttura. Ora il vaso in cui si fa il blu è ordinariamente di rame, ed ha la figura di un cono troncato. La parte inferiore ha un piede di diametro circa, e la bocca, o apertura superiore, due; l'altezza è di 4 piedi, o di 4 piedi e mezzo. La parte inferiore è immersa nel suolo un piede e mezzo circa, ed è circondata da un mattonato, o pavimento. La parte fuori di terra è circondata da muro.

Per otto ℔ d'indaco se ne pigliar sei di ceneri clavellate e delle migliori, tre, o quattro once di robbia per ogni ℔ di cenere, e 8 ℔ di crusca che lavasi in molte acque per estrar tutta la farina: lavata che si abbia la crusca, si spreme per levarle tutta l'acqua, e si mette nel fondo del tino.

Poi si mettono le ceneri clavellate e la robbia solamente schiacciata a bollir assieme per ¼ di ora, in una caldaia della tenuta circa di due terzi del tino, si lascia poi riposare il tutto, chiudendo le porte del fornello.

Due, o tre giorni prima s'immergano 8 ℔ d'indaco in una secchia circa di acqua calda, in cui si abbia cura di ben lavarlo mutando anche l'acqua, la quale piglia una tinta rossiccia. Altri tintori cominciano dal far bollire l'indaco in un liscivio di una ℔ di ceneri clavellate in due secchie di acqua, e dopo lo pestano così umido in un mortaio. Quando comincia ad essere ridotto in pasta, vi si versa l'infusione che si è fatta bollire, e che sia ancor calda, colla quale si pesta per un certo tempo, e dopo si lascia riposar ogni cosa per alcuni istanti; indi si leva via il chiaro, che si mette da parte, o si rovescia nel tino. Si mette un'egual quantità dell'infusione sull'indaco rimasto nel fondo del mortaio, si ricomincia a ben schiacciare, si leva via il chiaro da rimettersi da parte come prima: si ripete tal operazione, finchè tutto l'indaco sia passato colla maggior parte dell'infusione. Si versa a caldaie sulla crusca che se ne sta al fondo del tino, ed essendovi tutto vi si versa il restante dell'infusione con tutta la posatura. Si rimescola ogni cosa con un bastone detto rabbio, e si mantiene senza fuoco finchè

il

il grado del calore sia moderato a segno
da potervi tener la mano nel bagno: allora
mettonsi alquante brage intorno al tino per
conservar il medesimo grado di calore, e
vuolsi conservare tal calore finattantochè
il liquore cominci a diventar verde, il che
si rileva ponendovi dentro un po' di seta
bianca, che rinverdisce.

Quando il tino sia ridotto in tale stato,
vi si dimena il rabbio per farla avanzare;
e per vedere se vuol *venire*, se la lascia
riposar tanto che si vegga una pellicola
bruna, e quasi color del bronzo, che monti alla superficie, il che ci avverte che il
tino è già *venuto*.

Per accertarsi, che sia ben *venuto*, bisogna badare se vi sia buona crosta, e
vedere se soffiandovi sopra, si torni a formar subito una crosta in luogo di quella
che si è allontanata. Se il liquore ci dà
questi segni, si lascia riposare per 3 o 4
ore, e dopo vi si fa una nuova infusione,
e a tal fine si pone una caldaia colla quantità di acqua necessaria per finir di riempiere il tino: vi si fanno bollire 2 ℔ di
ceneri, e 4 once di robbia come si fece
dapprima, si versa la nuova infusione nel
tino, si dimena il bagno, e si lascia riposare per 4 ore; allora il tino è atto a
tingere.

Le sete che si vogliono tingere in
blu, debbono essere state cotte in ragione
di 35 a 40 ℔ di sapone per ogni 100, nè
debbono essere state alluminate, poichè la
parte colorante dell'indaco, e generalmen-

te

fe parlando le materie resinose non richiedono mordente per applicar il loro colore.

Quando si voglia tingere la seta nel tino, si lava per liberarla dal sapone, e oltre a ciò si batte per due volte nell'acqua
corrente, e si divide in matasse adattate ad
essere ben spremute. Poi pigliasi una matassa, si passa in un rullo di legno lungo
quattordici pollici, avente un pollice e mezzo di diametro; si tuffa nel tino, gli si
fan dare alcune volte per eguagliar la tinta che se le vuol dare, si spreme, e torce
colla mano sul tino con quanta forza si può
per non perdere punto del bagno, si espone
all'aria tenendola nelle mani affinchè perda
il verde, e tosto lavasi in due diverse acque,
che si ha cura di aver pronte in vasi vicini
a quello che sta operando; subito che sia
lavata la matassa, o seta, si spreme, o torce
sul cavicchio quanto più si può, si rasciuga
con altra matassa asciutta, si spreme, ma
presto per quanto sia possibile. Spremuta
che sia, si ritorce per molte volte nel mezzo del cavicchio onde distribuire dappertutto egualmente nella seta la poca acqua
restante. Spremuta ed eguagliata che sia,
distendesi sopra una pertica per farla asciugare più presto che sia possibile: si fa lo
stesso in seguito di tutte le altre matasse.

Osservazioni sul blu di tino.

I tintori da seta non hanno ordinariamente
altro tino se non se il descritto; ciò non
ostante ne potrebbono adoperar un altro

per

per trarre il verde. Esso si fa come il precedente, salvo che vi si mette una mezza ℔ di robbia per ogni ℔ di ceneri clavellate, e riesce molto più verde del primo; oltre a ciò il colore che dà, è più sicuro sulla seta, e allorchè il bagno sia venuto meno di colore, diventa di un color somigliante alla birra, laddove il blu diviene nericcio.

Rispetto poi ad altri tini, vale a dire di quelli che fannosi coll'orina, o sia caldi, o freddi, e di quello che si fa a freddo con vitriolo senza orina, i tintori da seta non sono soliti a servirsene, come neppure del tino di guado, mercecchè tutte queste sorti di tini sono troppo tardi e lenti, cioè non tingono con prontezza la seta, e la fan divenire troppo ruspa e dura.

Il tino per l'indaco è per l'ordinario di rame, come s'è detto, ma potrebbe essere anche di legno, valendosi di doghe molto grosse, cioè di un pollice, di ragionevole altezza, e cerchiato di ferro. Per altro il fondo non avrebbe ad esser di legno, poichè sarebbe soggetto a imbarcarsi pel calore, e ad infracidire per l'umido.

L'indaco di cui si valgono comunemente i tintori, è quello detto *indaco rame* per un colore di rame rosso che ha nella sua superficie, e anche nell'interno; nulladimeno potrebbero servirsene, e con maggior utile di molte altre sorti d'indaco molto migliori, come sarebbe dell'indaco blu più leggero e più fino, e di un blu più netto

L. 3   dell'

dell'indaco-rame, più bello di quello di Guatimala, e migliore d'ogni altro; ma il prezzo di tali indachi, e segnatamente dell' ultimo, fa che non si prescelga.

Si adopera ordinariamente la robbia perchè si è avvertito che comunica al blu un tuono più leggiadro, e tira meno al colore dell'amido. Lavano i tintori la crusca, che pongono nel tino per toglier via la farina, che renderebbe il bagno troppo glutinoso; oltre a ciò la crusca è molto opportuna per far verde, e fermentare l'indaco; e si è pure avvertito che il tino riesce meglio ponendovi maggior quantità; quindi ne abbiam prescritto una dose più gagliarda di quella che sogliono usar i tintori ordinariamente. Allorquando il tino è riposato, si rimescola come abbiamo insegnato, e poscia conviene lasciarlo in pace senza più rimescolarlo, se non che quando comincia ad esser verde, poichè si è osservato che dimenando nel tempo della fermentazione che vi si risveglia, altro non si fa che ritardarla.

La seta che tingesi in blu di tino, va molto soggetta a pigliar una tintura disuguale, e ciò accade sicuramente, quando non sia lavata e asciugata assai presto, e tostochè sia stata tinta; ed ecco la ragione per cui siamo forzati a tinger la seta nel tino in picciole porzioni, di lavarla non non sì tosto che sia tinta, di spremerla, e di asciugarla presto, distendendola bene sulle pertiche. A far ciò si sceglie sempre un tempo sereno e asciutto, anzi se per

ma-

mala ventura vi cadesse un po' di pioggia nell'asciugarsi, rimarrebbe certo tutta macchiata, e diverrebbe rossiccia ne' luoghi bagnati. Nell'inverno, e in tempi umidi, si fa asciugare in una stanza riscaldata da stufa, dimenando continuamente le pertiche sulle quali se ne sta distesa.

Per formare i varj tuoni di blu, si ripassan da principio le sete che si vogliono tinte più cariche, e si tingono tenendole un poco più di tempo ; ma a misura che il tino s'infievolisce, e finchè non resti affatto spoglio, si mettono quelle, il cui tuono si vuole men carico. Allorchè il tino è debole, si ripassano le sete che debbono avere un tuono inferiore, e così di mano in mano fino a' tuoni più chiari. Fa mestieri badare, che quando si tinge di seguito gran quantità di seta nel medesimo tino, succede ordinariamente che dopo aver tinto una certa quantità di seta, il tino si stanca, cioè comincia a perdere del suo verde, ed a somministrar un colore men bello. Allora convien aggiungervi una caldaia di decozione, formata da una ℔ di ceneri, da 2 once di robbia, e da un pugno di crusca ben lavata, che si fa bollire per $\frac{1}{4}$ di ora nell'acqua, o in una porzione del bagno istesso del tino. Se il tino rimanga con ciò a sufficienza pieno, si dimena il tino dopo la giunta, e fa mestieri lasciarlo in riposo per 2 o tre ore prima di ricominciar a tingere.

Per fare de' belli e leggiadri blu, torna assai bene l'avere un tino nuovo, ma

non

non dovendo formare che de' blu chiari, converrebbe adoperar piccola quantità d'indaco, piuttostochè servirsi di un tino formato con maggior quantità d'indaco, ma infievolito a forza di tingere. In fatti i blu chiari fatti in tino nuovo e debole riescono sempre più vivi di quelli che si fanno in tino destinato a dar sul principio un blu carico. Per altro i tintori non possono assoggettarsi a somiglianti attenzioni, stante che i blu non si pagano che a prezzo molto mediocre, e non vi troverebbero il loro conto. Il tino di blu, della grandezza da noi descritta, potrebbe farsi da una ℔ d'indaco fino a 8; potrebbesi ancora eccedere tal quantità di alcune libbre senza inconveniente veruno.

Si distinguono da'tintori cinque sorti di blu, cioè il pallido o di porcellana, il celeste, il medio, il blu del Re, il turco, o il blu completo, ma essi hanno i loro tuoni intermedj, che si possono formar a piacimento; siffatti tuoni però non hanno nomi particolari.

I blu carichi non possono farsi nel solo tino, dacchè l'indaco non somministra giammai un color pieno adattato a somiglianti tuoni; onde per avere tali blu fa mestieri dar un primo colore coll'oricello innanzi di far passare le sete nel tino. Quanto al blu turco, il più carico di tutti, vi si dà al principio un fortissimo bagno di oricello preparato nel modo che diremo in appresso: vi si dà lo stesso apparecchio, ma men gagliardo, pel blu del

Re,

Re, e si fan passare tali blu per un tino nuovo, e ben provveduto di materia colorante.

Uscita la seta dalla cottura, si batte nell'acqua corrente di un fiume per disporla al bagno di oricello, poscia si sgocciola per levarvi la maggior quantità di acqua, e ciò fatto se la pone in un bagno d'oricello ben caldo, si ripassa finchè il colore sia ridotto ben eguale, poi lavasi battendola, si riordina, e si ripone nel tino.

Rispetto poi agli altri blu fannosi senza alcun altro apparecchio, ma bisogna aver cura, prima di far passare la seta nel tino, di ben mondarla dal sapone della cottura battendola due volte in acqua corrente, poichè il sapone fa nel tino una posatura bianca, e fa perdere anche il colore se si ritrova in una certa quantità.

Si fa eziandio un blu tanto carico quanto quello detto *del Re*, il cui apparecchio preliminare consiste in cocciniglia in vece di oricello, affinchè abbia maggior durata, per la qual cosa dicesi blu fino; ma come ci vuole una particolar manipolazione per tingere con cocciniglia, così ne parleremo nel capo dove si tratta del violetto fino.

Il blu del Re imitante quello de' panni lani fassi nel qui appresso modo. Si stempera nell'acqua fredda, col mezzo di un pestello nel mortaio, un'oncia all'incirca di verde-rame per ogni ℔ di seta, si dimena il tutto ben bene assieme, e si ripassan le sete come all'ordinario, ridotte in matas-

se

se da 5, o 6 once. La seta in tal bagno piglia un piccolo tuono di verde-rame sì leggero, che non si distingue più rasciutta che sia. Quando essa abbia acquistato il suo verde-rame, torcesi e si mette sui bastoni, e si passa fredda in un bagno di campeggio più o men carico di colore, secondo il tuono che se le vuol comunicare. La seta piglia in questo bagno un colore blu rassomigliante al blu del Re in panno, ma esso è assai cattivo, si dilegua molto presto, e degenera in grigio, o *gris de fer*. Per ovviare a tal inconveniente, e renderlo di maggior durata, devesi tinger più chiaro col campeggio, darle un po' d'oricello ma caldo, il che la fa diventar rossiccia: ciò fatto si mette nel tino, e così il colore riesce molto più sodo e più durevole.

Per le sete crude che si vogliono tingere in blu, bisogna badar di scegliere quelle che sono naturalmente bianche, formarne delle matasse, tuffarle nell'acqua, batterle per due volte nell'acqua stessa, ond'essa vi penetri: bagnate che sieno, si ordinano e si riducono in matasse che si fan nel tino a guisa della cotta, e si rasciugano nella maniera stessa. Siccome poi le crude pigliano generalmente la tintura con più facilità delle cotte, devesi aver cura, per quanto sia possibile, di far passare nel tino prima le cotte, e poscia le crude, dacchè le prime han mestieri di tutta l'attività e forza del tino, e pigliano colore men facilmente. Se il blu che si vuole nella seta

cru-

cruda sia un tuono che abbia bisogno d'
oricello, o di altri ingredienti di cui parlammo, si dà nel modo istesso che abbiamo indicato per la cotta.

Del color giallo.

Le sete destinate ad esser tinte di giallo, si cuocono con dose di 20 ℔ di sapone per ogni 100 di seta. Cotte che sieno,
si lavano, si mettono in allume, e rila-
vansi; riordinate pongonsi ne' bastoni per
matasse, di presso 7, o 8 once, e si passan secondo l'arte in bagno fatto pel giallo. Pel giallo non si adopera ordinariamente che il guado ovvero sia *Luteola*,
e volgarmente *erba intenta*. Mettonsi in
una caldaia 2 ℔ circa di guado per ogni
℔ di seta, ed affinchè i fasci tutti di erba s'immergano bene nell'acqua, si ha l'
attenzione di caricarli di grossi pezzi di
legno. Allorchè l'erba ha bollito un grosso $\frac{1}{4}$ di ora, si ritirano da una parte, e
col mezzo di una secchia si trasporta il
bagno facendolo passare per un setaccio, o
tela grossa, onde sbarazzarlo dai semi e
dalle pagliuzze, che la *luteola* lascia nell'
atto del bollire. Passato così il bagno, si
lascia raffreddare a segno da potervi tenere la mano; allora vi si pongono le sete,
e si ripassan finchè sieno ugualmente tinte.
Se la decozione non fosse bastante per
riempire il vaso, si potrebbe supplire con
acqua che convien mettervi prima di lasciar raffreddare il bagno, di maniera che
si ri-

si ritrovi sempre al grado di calore da noi indicato generalmente parlando. I vasi, o caldaie in cui si vuol tingere, debbono esser piene, essendo la seta a due pollici da' loro orli.

Mentre si fa tal operazione, si fa ribollire il guado un'altra volta in nuova acqua, e bollita: si levano le sete; ciò fatto, si getta via la metà del bagno, e si rimette della nuova decozione di erba, quanta se ne gettò via; si bada a dimenar il bagno onde riesca uguale (il che sempre va fatto, quando si tratti di aggiungere al bagno) salvo il caso in cui si dicesse di dover operare diversamente. Il nuovo bagno si può adoprare più caldo del primo, ma nulladimeno il calore dev' essere moderato, altrimenti si distruggerebbe una parte del colore preso dalla seta, il che probabilmente interviene perchè le sete perdono l'allume pel soverchio calore del bagno. Si ripassano le sete nel novello bagno come si è fatto prima, e nel frattempo si fa fondere della cenere clavellata in ragione di una ℔ circa per 20 ℔ di seta. Si pone a questo fine la cenere in una caldaia, vi s'infonde del secondo bagno di guado tutto bollente, e si dimena la cenere, onde si possa sciogliere tutto il sale. Si lascia riposare questo piccolo bagno; e quando sia chiaro, si levano di bel nuovo le sete, e si gettano nel bagno grande due, o tre scodelle del bagno della cenere il più chiaro. Si rimescola ben bene il bagno, vi s'immergono le sete, e vi si ri-
pas-

passano : col mezzo di questo alcali della cenere si sviluppa vieppiù il giallo del guado, e si rende più dorato.

Dopo 7, o 8 ripassate, si leva una matassa, si spreme, e si torce sul cavicchio, per vedere se il colore è carico e ben dorato. Se mai non lo fosse a sufficienza, si torna ad aggiungere un po' di bagno di cenere, e si fa tutto il resto come abbiam detto sopra, finattantochè la seta sia arrivata a quel tuono che se le vuol dare.

Il liscivio di cenere, fatto a parte nel modo già prescritto, si può mettere, se si vuole, nel tempo che si aggiunge in questo bagno la seconda decozione di guado, ma vuolsi aver cura, che il bagno non sia troppo caldo nel rimettervi le sete. Giova avvertire che tal operazione non è opportuna che pei gialli, ma non può servire pei verdi.

Se si volessero far de' gialli più dorati, e tiranti alla giunchiglia, converrà, nell'atto stesso che si mette la cenere nel bagno, aggiungere della terra oriana in ragione del tuono di colore che si desidera. Noi daremo fra poco, parlando del color d'arancio, il metodo di apparecchiar la terra oriana. Pei piccioli tuoni di giallo, come il limone pallido, o canarino, le sete debbono esser cotte come pei blu, poichè essi tuoni riescono più leggiadri e trasparenti, quanto più si fanno sopra un fondo più candido. Veggasi l'articolo del blu in quanto alla cottura della seta. Per farli, allorchè il guado è disposto a bollire, si

pi-

pigliano alcune scodelle di quèsto bagno, e se ne pongono sopra acqua chiara con un po' di bagno del tino, se le sete sono state cotte senza azzurro. Si ripassan le sete, come all'ordinario, su tal bagno; e se il tuono non comparisce bastevolmente carico, si rimette del guado, e anche parte del tino se sia necessario, finattantochè l'atto di colore sia tale, qual si richiede.

Pei tuoni poi di limone più carichi, convien far bollire l'erba guado come pei gialli, e non porne che una certa quantità nell'acqua chiara secondo il grado, o carico che si vuole. Vi si mette anche del bagno del tino se il tuono di colore lo esiga, ma i limoni carichi possono cuocersi colla cottura ordinaria come pei gialli. Basta avvertire che non si aggiunga del blu del tino in questi colori se non quando si vuole che il colore tiri un po' al verdastro. Per altro i tuoni di giallo molto chiari non lascian di avere la lor difficoltà, dacchè vanno soggetti a divenire il più delle volte soverchiamente carichi asciugandosi, il che accade quando sono alluminati al modo ordinario avendo un po' troppo di allume. Ora, per evitare siffatto inconveniente, si può in vece di alluminarli come gli altri, fare una picciola alluminatura tanto leggera, quanto si crederà a proposito, e dentro la quale si ripasseranno; oppure, senza particolare alluminatura, si porrà soltanto un poco di allume nel bagno stesso del guado.

Os-

Nelle fabbriche, dove non si può con facilità aver la *luteola* o erba guado, si ha l'uso di servirsi della *graine* di *Avignon* (1). Essa semente si adopera appunto co-

---

(1) Essa fa sull'albero detto *Rhamnus catharticus minor*. Ranno, cioè il ranno di Avignon non è che una varietà del ranno, non differendo se non che per tutte le sue parti più piccole. M. Gerard (*flora gallo-pr.* 462) Le bacche di ranno somministrano tre sorti di colore. I. cogliendole alla fine di giugno, e facendole seccare, e macerar in acqua e in allume, si ricava un color giallo. II. cogliendole in autunno, danno schiacciandole un colore verde molto bruno, e molto usitato per la pittura. III. cogliendole finalmente per s. Martino, danno un colore scarlatto opportuno per tingere i cuoi, e per miniare le stampe. Ciò che si è detto, risguarda il ranno comune. Le bacche poi del picciolo ranno somministrano le *graine di Avignon*. Si fa ancora con queste medesime bacche ciò che dicesi *stile de grain*, facendole ammollare e bollire. Vi si unisce poi della cenere di sarmenti di vite, o della creta per dar corpo come alla lacca, e si passa per un pannolino sottile. La scorza eziandio del ranno serve a far un giallo pei tintori, e si usa molto in Isvezia. Per prepararlo, si levin via da' rami 3 ℔ all'incirca di corteccia sottile e nuova, si tagliuzzi e si schiacci in mortaio di pietra, vi si mescolino a grado a grado 2 bottiglie e mezza di acqua, battendo e schiacciando ben bene ogni cosa. Dopo di averlo lasciato riposare per 6 ore, si versi un'oncia di Olio di tartaro per *deliquium*, e si lasci di nuovo riposar per un' ora e mezza; poscia si farà bollire a fuoco dolce in vaso di terra, o pentola, dimenando il tutto con spatola di avorio. Avendo bollito per $\frac{1}{4}$ di ora, si sprema il fluido fuori della scorza, si filtri, e avrassi un superbo color giallo. Facciasi sciogliere un po' di allume nell'acqua, e si mescoli col liquore giallo, diventerà color di per-

come l'erba, ma va soggetta all'inconveniente di somministrar un colore men sodo e meno durevole.

Vi sono due sorti di erba guado, la domestica e la selvaggia che nasce spontanea nelle
campagne: essa è più alta dell'altra, e lo stelo
è più grosso. Per lo contrario la domestica mette steli men alti e men grossi, e
viene tanto più pregiata, quanto più sottili
sono i suoi ramicelli. I tintori danno sempre la preferenza alla domestica, perchè
fornisce più tintura della salvatica, e han
cura di sceglierla ben matura e ben gialla.
Volendola coltivare, si semina nel mese di
marzo, per farne poi la raccolta nel mese
di giugno dell'anno seguente, notando che
i terreni sabbionicci sono quelli che più
convengono a tal pianta. Allorquando la
luteola sia matura, si leva via, si lascia
seccare, si mette in fasci, ed i tintori sono soliti a far bollire il fascio intero,
stante che tutte le parti di essa pianta dan
colore. Ora per tingere la seta cruda, pigliansi le piante naturalmente bianche, ma
non della maggior bianchezza, si tingono,
come già si è detto, e il giallo del guado
riesce di buona e durevole tinta.

Del

perla, e si separerà la materia gialla. Filtratela due
o tre volte aggiungendovi sempre acqua limpida;
vi resterà una sostanza polposa di un leggiadrissimo giallo. *La presente nota è del signor* Bertrand.

Del color giallo aurora, di arancio, mor-
dorè, del color di oro, e di camoscio.

La terra oriana è l'ingrediente da cui si traggono questi varj colori per la seta ; e la pianta è di quelle, la cui materia colorante consiste in una sostanza resinosa. Quindi dev'essere disciolta in un sal alcali, e la seta da tingersi non avrà mestieri di essere alluminata, conciossiachè in generale siffatto mordente non è necessario, che per trarre ed assicurare i colori estrattivi, naturalmente solubili nella sola acqua ; e niente contribuisce a produrre gli stessi effetti pe' resinosi, i quali non si rendono miscibili coll'acqua, se non che coi dissolventi salini, e particolarmente con i sali alcali (1).

Per apparecchiare la terra oriana, si prenda un colatoio di 8, o 10 pollici circa di profondità, e di 15 circa di larghezza, fatto di rame forato con piccioli buchi a guisa di scumaruola, avente due manichi di ferro, o di rame. Poi si fa riscaldare, in una caldaia, dell'acqua di fiume, atta a sciogliere il sapone ; e mentre l'acqua si riscalda, tagliasi la terra oriana a pezzi, e si pone nel colatoio ; si tuffa nell'acqua, e col mezzo di un pestello di le-

---

(1) Gli estratti contengono tutto ciò che il vegetabile aveva di materia gommosa e mucilaginosa, di sostanza amara, o sucarina, di materia saponata, vale a dire oleosa, resa dissolubile nell'acqua per la sua unione con qualche materia salina.

M

legno si schiaccia e si fa passare per quei fori. Passata che sia, si mettono nello stesso colatoio delle ceneri clavella-te, le quali si schiacciano al modo stesso dell' oriana. Si mescola con un bastone il bagno, si fa bollire un poco, e tosto vi si versa dell'acqua fredda, affinchè non bolla di vantaggio, poscia si ritira il fuo-co dalla caldaia.

Si potrà fondere quanta oriana si crede a proposito, mettendovi per ogni ℔ di es-sa un'altra ℔ di ceneri clavellate, mercec-chè se vi si mettesse meno cenere, il co-lore non sarebbe bastevolmente sodo, e andrebbe soggetto a cadere in un colore di mattone. Per altro, come le ceneri non sono tutte di egual forza, tocca al tintore à giudicare della quantità da adoprarsi, dagli effetti che vede nascere nella droga. Conviene però sapere che l'effetto della ce-nere si è d'ingiallire l'oriana fondendola, di fargli perdere il suo natural color di mat-tone, e generarne in esso un altro più gial-lo e più dorato, rendendolo anche più so-do e più durevole. Se ponendo in uso la oriana si vegga che ritiene un po' di mat-tone, egli è certo che non è abbastanza carico di cenere, e però converrà darglie-ne della nuova, facendo bollire un poco il bagno, e soffermando poscia il bollimento con acqua fredda; si rimescola il tutto con un bastone, e si lascia in riposo. L'oriana preparata così, si serba quanto tempo si vuole, purchè non vi cada dentro qualche immondizia.

Le

Le sete che si vogliono tingere in color aurora e arancio non debbono avere altra cottura se non che l'ordinaria di venti ℔ di sapone per ogni 100 di seta. Quando sieno lavate e battute per rimondarle dal sapone, si ripongono sui bastoni in matasse piuttosto grandi, e mentre si va così riducendole, si fa riscaldare dell'acqua di fiume in una caldaia, che non si riempie che fino alla metà; poi si mette in questa acqua una parte di oriana non fusa; si fa riscaldare il tutto finchè la mano vi possa reggere, ma che non sia vicina al bollire, cioè a un calor medio tra il tiepido e il bollente, e dopo avere rimescolato il bagno vi si passano le sete.

Allorquando sieno generalmente tinte, si ritira una delle matasse, si lava, si batte per due volte, e si spreme, o torce nel cavicchio per iscorgere se il colore sia pieno: che se nol fosse, vi si aggiugne della nuova oriana, si rimescola, e si ripassan di nuovo, finchè il colore sia qual si richiede.

Fatto che sia, si leva ogni cosa, si battono le sete per due volte in acqua corrente, il che è assolutamente necessario per liberarle dal superfluo dell'oriana. Se non si avesse tal attenzione, le sete tinte coll' oriana andrebbero soggette a guastarsi nel colore, o almeno riuscirebbero men belle.

Per altro il color aurora serve come d'apparecchio per un altro colore detto *mordorè*; in fatti avendo la seta preso l'aurora, ed essendo lavata, si allumina al solito, si

M 2   rin-

rinfresca poi nell'acqua corrente, e si fa
un nuovo bagno ben caldo, in cui si pone
la decozione di scotano, e un po'di legno
di campeggio..Si ripassan le sete in questo
bagno, e se si scorge che il colore tiri troppo al
rossiccio, si getta nel bagno una leggerissima
quantità di soluzione di vitriolo di cipro,
o di rame, che farà ingiallire la tinta. Tal
colore non ha bisogno che del vitriolo e
dello scotano per formare precisamente il
tuono superiore all'aurora.

L'allume, che si dà alla seta oltre all'apparecchio dell'oriana già dato, è necessario
per generare ed assicurare le tinte dello
scotano e del campeggio, stante che la
materia colorante di tali legni consiste nella parte estrattiva.

Per formar poscia l'aurora sulle sete
crude, si prescelgono le sete naturalmente
bianche come pel giallo, e dopo averle
ammollate e poste in acqua, si dà loro
un bagno di oriana, il quale dev'essere
tiepido, o anche freddo, perchè altrimenti
la cenere clavellata che si ritrova in
questo bagno, e per il cui mezzo si ha
fuso l'oriana, farebbe perdere il crudo alla
seta, e toglierebbe la consistenza necessaria per le stoffe a cui viene destinata. Pel
colore arancio e il mordorè si continua ad
operare come si fa per le sete cotte.

Se non si ha che poca seta da tingere,
si fa fondere a un di presso la quantità
di oriana necessaria, e quando il bagno
sia stato raffreddato coll'acqua fredda, si
lascia riposare, affinchè la posatura se ne
va-

vada al fondo della caldaia, e poi si passan le sete in questo bagno. Quanto finora
abbiam detto, non concerne che le sete, a
cui si voglia dare il tuono aurora; ma per
l'arancio, il qual è un altro tuono più
rosso dell'aurora, fa mestieri dopo la tintura in oriana, dar il rosso coll'aceto, coll'
allume, o col sugo di limone. Questi acidi, saturando l'alcali di cui ci siamo serviti per disciogliere e far pigliare l'oriana,
spengono e distruggono il giallo che l'alcali avea somministrato, e lo ritornano al
suo natural colore, che tira più al rosso.

L'aceto, o il sugo di limone, basta
per dar le tinte di arancio non molto cariche; ma per le cariche assai, v'è l'uso
in Parigi di passarle nell'allume, che dà
molto rosso all'oriana, e se mai il colore
non è per anco rosso a sufficienza, si passa
in un bagno di legno di brasile, ma leggero. Per altro, in Lione, i tintori che
fanno i colori col cartamo o *asfor*, servonsi
alcune volte degli antichi bagni stati adoperati per gli altri colori rossi, e vi ripassano i colori arancio carichi. Se i colori arancio sono divenuti rossi per l'allume, conviene lavarli in acqua corrente, ma
non fa d'uopo batterli, quando però il colore non peccasse in troppo rosso.

I bagni di oriana, che han servito a
formare i colori aurora, sono a sufficienza
forti per dar il piede o la prima tinta a'
colori detti *ratines*, di cui favelleremo in
appresso, per dorare i gialli carichi, e per
far quelli di oro, o camoscia. Questi tuo-

M 3   ni

ni si fanno dopo gli aurora, nè sono difficili, poichè si formano colla sola oriana; ciò non ostante vi sono alcuni tuoni di camoscia tiranti al rossiccio, che siamo obbligati a dar il rosso come agli aranci, quando però non si amasse meglio a preparar l'oriana espressamente, il che si fa nel seguente modo.

Si fa fondere l'oriana, come di sopra abbiamo detto, e si fa bollire un istante senza porvi cenere. Quando il bagno siasi riposato, se ne prende una parte, che si unisce all'altro bagno di oriana fuso con cenere, e con ciò si ha un bagno rosso naturalmente a segno da fare i colori camoscia senzachè vi sia bisogno di farli divenire rossi in appresso: si può eziandio metter poca cenere fondendo l'oriana, che farà il medesimo effetto, avvertendo che questi colori camoscia non conviene batterli nell'acqua corrente, che una sola volta.

L'oriana ci viene per l'ordinario recata in pezzi di due, o tre ℔, avviluppati in foglie di canna assai larghe: alcune volte ci vien portata in pezzi più grossi, ma non ricoperti con foglie. I tintori non fan differenza dagli uni agli altri, ma prescelgono quella che ha un color carneo rosso, e in cui non si scorgono vene nere. L'oriana non fornisce se non che colori di poca durata, che s'alterano a capo di un certo tempo, divengono color di mattone, e di molto si sbiadano. Per altro difficilmente formar potrebbonsi i medesimi tuoni con ingredienti di miglior tempra, conciossiachè

la

la robbia accoppiata al guado, che serve per fare gli aurora e gli aranci sulla lana, non piglia punto sulla seta; inoltre i colori somministrati dall'oriana sono leggiadrissimi, motivo forte per valersene, dacchè trattandosi di stoffe di seta, si antepone la bellezza alla durata.

Del rosso. Del cremisì fino.

Il rosso si ritrae dalla cocciniglia (1), e dicesi cremisì fino per la sua bellezza e durevolezza; la materia colorante sta in una materia estrattiva molto solubile nell'acqua, e quindi richiede l'ordinario mordente, cioè l'allume.

Le sete che si vogliono tingere in cremisì di cocciniglia, non si debbono cuocere che in ragione di 20 ℔ di sapone per ogni 100 di seta, senza punto di azzurro, mercecchè un po' di giallo che rimane nella seta dopo sì leggera cottura, favorisce di molto tal colore. Dopo avere lavato o battuto le sete al fiume per ben rimondarle dal sapone, si pongono in allume, che si ritrovi in tutta la sua forza; vi si lascian per l'ordinario dalla sera all'indimani, il che forma a un di presso 7, o 8 ore, do-

(1) Essa è un insetto degli emipteri, rotondo, un poco men grosso di un granello di coriandolo, ripieno di un sugo porporino. Ritrovasi alla fine di giugno nella radice di una pianta detta *Nopal*, fico d'India, ovvero *Opuntia*. Coltivasi nel Messico con somma cura, dove fansi disseccar gl'insetti per la tintura..

M 4

dopo le quali si lavano e si battono per due
volte in acqua corrente. Nel frattempo si
apparecchia il bagno come siegue.

Riempiesi una caldaia oblonga di acqua
di fiume fino alla metà, o alli due terzi;
e quando l'acqua sia bollente, vi si getta
no da 4 dramme fino a 2 once di galla
per ogni ℔ di seta, e si lasciano bollire
un poco.

N. B. Se la galla fosse ridotta fina, e
passata per setaccio, si potrebbe mettere
assieme colla cocciniglia.

Lavate che sieno le sete, e battute, si
distribuiscono sui bastoni per matasse,
ed anche abbondanti, poichè il cremisì
non va soggetto a pigliar le tinte inegualmente. Messe che sieno le sete sui bastoni, si getta nel bagno la cocciniglia già
pesta e passata per setaccio, si dimena
con un bastone, e si fa bollire per 5, o
sei volte. Se ne mette da 2 once fino a 3
per ogni ℔ di seta; ma essendo la ℔ veneta di once 12, mentre quella di Francia
è di 16, la dose per noi sarà di once 1 e
mezza, fino a 2 once e $\frac{1}{4}$, secondo il tuono di colore che si vuole. Per avere un
colore il più ordinario, la dose di cocciniglia consiste in 2 once e mezza, e di
rado si oltrepassan le 3 once, quando non
si trattasse di qualche particolar assorti-
mento. Badisi che la proporzione deve
variare per la ℔ veneta, stante la differenza da ℔ a ℔.

Allorquando la cocciniglia ha bollito per
la prima volta, si aggiunge al bagno un'
on-

oncia di cremor di tartaro, o di tartaro bianco pisto per ogni ℔ di cocciniglia (vale a dire ¾ di oncia per ogni ℔ veneta). Non sì tosto il tartaro ha bollito, che s' infondono nel bagno per ogni ℔ veneta di cocciniglia ¾ di oncia all'incirca di una soluzione di stagno in acqua regia, detta *composizione*, la quale si fa così.

Pigliasi una ℔ di spirito di nitro, once 2 di sal ammoniaco, e once 6 di stagno fino in grani; cioè once 1 e mezza di ammoniaco, e once 4 e mezza di stagno fino in grani per ogni ℔ veneta. Si mette lo stagno ed il sale ammoniaco in un vaso di terra, di ragionevole grandezza, e vi si versano a un di presso 12 once di acqua (per noi 8 once, o 9 di acqua); poi vi si aggiunge lo spirito di nitro, e si lascia seguire la soluzione.

La composizione di cui parliamo, contiene più sale ammoniaco e più stagno di quello che si usa per lo scarlatto sulla lana; ma questo è assolutamente necessario, altrimenti la dose della lana sarebbe troppo diluta, e potrebbe anco distruggere il rosso che la cocciniglia può dare alla seta.

Si meschia bene nel bagno, dimenando con un bastone la quantità prescritta di tal composizione, e tosto si riempie la caldaia con acqua fredda: la proporzione del bagno è di 8, o 10 bottiglie di acqua circa per ogni ℔ di seta fina, ma se ne potrà porre meno per le sete grosse, giacchè occupano minor spazio. Il bagno è allora in istato di ricevere le sete che vi si immergogono, ripassandole finchè compariscono tinte ugualmente, il che succede per l'ordinario dopo averle ripassate 5, o 6 volte.

Allora si accresce il fuoco per far bollire il bagno, e fassi bollire per due ore, e nel frattempo si ha cura di ripassare le sete di quando in quando; dopo di ciò si leva il fuoco dalla caldaia, e si pongono le sete entro il bagno. Vi si lascian per 5, o 6 ore; e se si fa il cremisì la sera, vi si possono lasciare fino all'indomani. Si ritraggono poi, si lavan nell'acqua corrente, si battono per due volte, si spremono al solito, e si distendono sulle pertiche, onde farle asciugare.

Il cremisì fino, ridotto bruno, si chiama comunemente *Cannella*. Per formar adunque i *Cannella*, si lavan i cremisì levati dal bagno di cocciniglia, si batton due volte in acqua corrente, e dopo si apparecchia un bagno di acqua alla temperatura solita in estate, e un po' tiepida in inverno: vi si getta del vitriolo di rame fuso nell'acqua in maggiore o minore quantità secondo il bruno che si vuol dare al colore. Vi si ripassa in questo bagno la seta in picciole matasse, affinchè possa tingersi ugualmente; e giunta che sia al tuono richiesto, si ritira, si spreme, e si mette ad asciugare senza lavarla se si vuole, poichè l'infusione di vitriolo rassomiglia all'acqua chiara. E siccome l'effetto del vitriolo sta nel far pigliare alla cocciniglia una tinta di violetto, vale a dire di fargli perdere il suo giallo, se si scorge che il colore ne perda troppo, si conserva

po-

ponendo nel bagno di vitriolo un po' di decozione di scotano, la quale lo rimette nel tuono conveniente. Vuolsi avvertire che essendo il vitriolo quello che genera la brunitura de'cremisì fini e buoni, e non valendo niente in tal occasione il campeggio, basta il solo vitriolo, giacchè li rende bruni mediante la galla adoperata nei cremisì.

Osservazioni sui colori cremisì.

La manipolazione da noi esposta per far questo colore, è in oggi la più usata, poichè ci somministra un colore più bello di quello che altre volte si sapeva fare. Ciò non ostante essendovi tuttavia de'tintori che fan il cremisì secondo l'antico stile, noi la riporteremo qui.

Per fare tal sorta di cremisì, si pone, nel cuocere la seta, dell'oriana in pasta, come ci viene recata dall'America. Allorquando il sapone è bollente, pigliasi mezz' oncia all'incirca di detta oriana, si schiaccia nel colatoio, come abbiam detto parlando del colore arancio. Si pista più che sia possibile, onde non rimangano grumi, da appigliarsi alla seta. Col mezzo di questa picciola quantità di oriana, la seta cuocendosi piglia un colore isabella molto durevole, il quale fa le veci dell'effetto che genera sul cremisì la composizione, vale a dire d'ingiallirla un poco: tutto il resto poi si eseguisce come nell'anzidetto cremisì, salvo che non vi s'introduce nè composizione, nè tartaro.

I tin-

I tintori da seta non hanno l'uso di servirsi di altra cocciniglia, che della *mesteca*, o fina, e preferiscono sempre quella che sia rimondata da ogni porcheria, setacciandola e spogliandola da ogni altra cosa che vi potesse essere meschiata. L'attenzione è molto da commendarsi, conciossiachè non essendo la cocciniglia rimondata, conviene mettervene di vantaggio; e oltre ciò si può avere nel bagno più posatura, la quale può nuocere e danneggiare il colore. Il tartaro bianco, usato ne' buoni cremisì, serve ad avvivare e ad ingiallire il colore della cocciniglia, effetto prodotto dal suo acido. Tutti gli acidi farebbero lo stesso effetto, ma si è rilevato che il tartaro val meglio, perchè ci dà un colore più vago. Pure non sarebbe capace da se solo, qualunque quantità se ne ponesse, ad avvivare il colore cremisì; poichè se ve ne fosse una mezzana dose di esso, non farebbe ingiallir quanto basta, e se si allargasse la mano un po' troppo, mangerebbe e guasterebbe una parte del colore senza produr un bell'effetto.

Siamo dunque obbligati, per far bene, di valerci della composizione, come già si è veduto, la quale non è altro che una soluzione di stagno in acqua regia. Essa che produce sulla cocciniglia, adoperandola per la lana, un effetto tanto notabile per mutare il color giallo che ha naturalmente, in color di fuoco di bellissima lucentezza, non può che ridurla al cremisì trattandosi di seta. Per altro non lascia di

da-

dare a tal colore una bellissima apparenza; si marita col tartaro, aumenta l' effetto senza impoverire il colore quando non sia in soverchia quantità, e ne dispensa dal dar un apparecchio di oriana alla seta, come già abbiamo accennato.

Riguardo alla galla, essa non apporta quanto al colore niente di buon effetto, ma per lo contrario l' oscura, ed essendo in troppa dose, lo guasta; ma ciò non ostante vi ha l' uso di mettervene la dose da noi indicata.

Parmi dunque di poter congetturar così sull' introduzione di tal cattiva costumanza. Altre volte si facevano i cremisì di cocciniglia senza tartaro e senza composizione, dando il giallo col mezzo dell'oriana; ma allora le sete tinte in questo modo non avevano consistenza, talchè al solo tatto non si poteva discernere questa seta da quella tinta col legno brasile. Ora, siccome la galla per un certo acido che in se racchiude, ha la proprietà di dare alla seta della consistenza, per tal ragione se n' è aggiunta alla cocciniglia ne'cremisì, e si ebbero con ciò delle sete tinte in cremisì, che rapporto alla consistenza potevansi distinguere al tatto da' falsi cremisì, o da quei fatti col brasile; poichè è da sapersi che la tintura col brasile non può sostener l'azione della galla che la mangia e la distrugge interamente.

Oltre la consistenza che la galla suol dare alla seta, ha pure la proprietà singolare e molto osservabile di aumentarne di

mol-

molto il peso, vale a dire, che ponendo un'oncia di galla per ogni ℔ di seta (nota bene da 16 once), essa può dare da due, o due e mezzo per cento; anzi vi sono de' tintori che col mezzo della galla fanno aumentare il peso della seta cremisì fino al 7, o all'8 per 100. Si sono dunque avvezzati ad avere il vantaggio del peso per la galla; talchè sebben resa inutile tal droga per la giunta del tartaro e della composizione, che danno un'ugual consistenza alla seta, continuò ad essere necessaria per l'accrescimento del peso a cui si eran avvezzi, e che gli acidi, di cui parlammo, non possono produrre, cioè nè il tartaro, nè la composizione. Per altro si bada sempre a preferire la galla bianca alla nera, perchè la prima guasta meno il colore. Dal fin qui detto si raccoglie, che l'adoperar la galla nel cremisì bello e buono, non solo è cosa inutile, ma eziandio nociva, che può soltanto servire a frodi da condannarsi, e lesive al commercio; e quindi sarebbe opportuno proibirne affatto l'uso nel formare il cremisì fino e buono.

Il riposo che si dà alle sete nel bagno, è necessario per fare ad esse trar tutto il colore dalla cocciniglia; oltre a ciò pigliam ancora in quel riposo una buona semi-tinta, e il colore s'ingiallisce sempre più, il che gli dà un'apparenza più leggiadra e meno cupa. Per avventura potrebbesi credere, che lasciando bollir le sete nel bagno, si potrebbero avere i medesimi effetti; ma l'esperienza dice al contrario, e

in-

inoltre le spese monterebbero di più per dover mantenere il fuoco per tempo più lungo.

La cocciniglia lascia sulla seta, nel ritirarla dal bagno, una specie di crusca, la quale altro non è che la pelle di quell'insetto, in cui vi rimane sempre un poco del suo sugo colorante; quindi per ben rimondarla e spogliarla di tal crusca, si batte per due volte lavandola in acqua corrente; anzi con tal mezzo il colore si sviluppa di più, riesce più netto e più vivace. Quanto poi al batter la seta per due volte prima di tingerla, ciò diventa necessario, poichè essendo stata gagliardamente alluminata per un tal colore, ed essendo ancora destinata a bollire per lungo tempo nel bagno della tintura, senza questa cautela spargerebbe tal quantità di allume, che non solo farebbe diventar troppo rosea e troppo grigia la tinta, ma impedirebbe di trar perfettamente il colore dalla cocciniglia, poichè tutt'i sali neutri posti ne' bagni di tintura hanno dal più al meno tal sorta d'inconveniente.

Il cremisì bello, o sia di cocciniglia, qual noi lo abbiam descritto, non solo è un leggiadrissimo colore, ma si deve riputar eccellente e il più durevole fra tutte le tinture che dar si possano alla seta. In fatti regge alla prova del sapone, e pare che non riceva alterazione nè dall'aria, nè dal sole, nemici tanto possenti per qualunque colore. Noi vediamo che i drappi di seta tinti in cremisì, che ordinariamente si ado-

pe-

perano per parati di stanze, piuttosto si
guastano pel lungo servizio, di quello giun-
gano a guastarsi nel colore; vediamo de'
vecchi parati in cremisì, i quali hanno più
di 60 anni di età, e che non sono smon-
tati di colore; e se anche v'è qualche alterazione, si è quella di perdere un po' del
giallo che gli dà il lustro, e di cadere
nel violetto che lo rende un poco cupo.

Quelli che s'intendono di seterie, basta
che maneggino la seta tinta in bel cremisì,
per distinguerla da quella tinta col legno
brasile, o con colore falso, di cui ragioneremo fra poco; conciossiachè il falso non
potendo reggere all'azione degli acidi, la
seta sopra cui viene applicato, non può
avere la consistenza che dan gli acidi adoperati per la tintura del buon cremisì. Per
altro trattandosi di un drappo, se si vuol
provare al compratore, che sia tinto in buon
colore, si deve adoperar l'aceto, alla cui
azione il cremisì di cocciniglia resiste molto bene, laddove esso macchia di giallo, e
divora in un istante il cremisì falso fatto
col brasile.

Del falso cremisì, o del rosso del Brasile.

Esso si ritrae dal legno, che ci dà una
tintura estrattiva molto abbondante, e bastevolmente bella, sebbene sia alquanto inferiore a quella della cocciniglia. Dicesi
falso cremisì per la poca durevolezza che
ha in paragone del buon cremisì. Ora siccome vale di gran lunga meno, quindi non
la-

lascia di essere di molto uso. Le sete che han da essere tinte col brasile, debbono esser cotte colla dose di 20 ℔ di sapone per ogni 100 ℔ di materia, e si alluminano all'ordinario come per gli altri colori, avvertendo che l'allume non vuol esser così abbondante come per il fino. Alluminate che sieno, si spremono e si rinfrescano in acqua corrente. Nel mentre che lavansi, si fa riscaldar dell'acqua in una caldaia, si prepara un vaso in cui si mette del sugo, o una decozione di brasile in ragione di mezza secchia per ogni ℔ di seta, più o meno secondo la forza della decozione, e secondo il tuono di colore che si richiede. Poi si versa nel vaso la quantità di acqua necessaria per formar il bagno, si ripassan le sete in questo bagno come abbiam detto per le gialle, e vi pigliano un rosso, pel quale servendosi di acqua di pozzo, giunge al tuono di cremisì; ma adoperando acqua migliore, o sia di fiume, il rosso è più giallo del cremisì di cocciniglia, e volendolo rendere somigliante ad esso il più che si possa, deve esser schiarito, o fatto roseo; il che si eseguisce in tal maniera.

Si fa una lisciva di cenere clavellata in poca dose con acqua calda: ordinariamente basta una ℔ per 30, o 40 ℔ di seta. Si lavano le sete in acqua corrente, si battono per una sola volta, e si mette la lisciva in un nuovo vaso che si riempie di acqua fredda, e si ripassan le sete in questa acqua. Ciò fatto, pigliano una tinta cremisì, lasciando in questa acqua un poco del lor colore, dopo di ciò si lavan le sete in acqua corrente, si spremono, e si pongono ad asciugare sulle pertiche.

In alcune fabbriche, in vece di adoperar ceneri clavellate, ripassan soltanto le sete in acqua calda, finchè acquistino il tuono che si richiede. Tal operazione riesce molto più lunga, e costa di più pel consumo delle legna; quindi non ha veruna utilità rapporto all' altra, anzi fa mestieri che la tintura sia molto più carica, sbiadando l' acqua calda di molto il colore.

Alcuni tintori han l'uso di schiarire i falsi cremisì nel bagno stesso in cui sono stati fatti, introducendovi della lisciva di ceneri clavellate. Il modo sarebbe più breve, ma non sarebbe utile e per la maggior quantità di cenere da consumarsi, e per la ragione che i cremisì non riescon così belli, come gli altri. Ben si ravvisa, che per ottenere i tuoni chiari, basterebbe por nel bagno una quantità minore di decozione, ma essi non si usano perchè non sono belli, nè soddisfano alla vista.

Osservazioni sul rosso, o cremisì del Brasile.

Questo colore si forma senza difficoltà, e non porta seco pena veruna. I tintori da seta hanno sempre una provvision di decozione di brasile, che si fa così.

Si tagliuzza, o si riduce in pezzetti il legno, in caldaia che contenga da 60 secchie all'incirca: vi si mettono da 50 ℔ di questi pezzetti, si riempie la caldaia di
acqua,

acqua, si fanno bollire per tre buone ore,
aggiungendo tratto tratto dell'acqua che
tenga il luogo della evaporata. Si cola la
decozione in un tino, e si versa nuova
acqua chiara sui pezzetti di brasile: si fan
bollire di bel nuovo per 3 ore, ripetendo-
lo per quattro volte, dopo di che il legno
non dà più colore.

Alcuni tintori costumano di conservar separatamente queste decozioni, dacchè la
prima è più gagliarda; ma spesse volte il
colore è men bello, essendo carico di tutte
le sporcizie del legno. L'ultima riesce per
l'ordinario troppo chiara, o diluta, ma si
è osservato che, riunendole tutte, formano un liquore omogeneo di ottimo servigio.

Per avventura volendosi dar la pena di
lavar a principio il legno nell'acqua calda,
avrebbesi una decozione di color più vago,
ma la tintura non vale tanto da prendersi
questo pensiero. Per altro gioverà levar
ad ogni decozione una schiuma nericcia,
che rimonta alla superficie, nel qual modo
si avrà più bella.

Per l'ordinario si conserva, per 15 giorni, o tre settimane, il decotto di brasile
innanzi di adoperarlo, avendo rilevato esservi una fermentazione muta, che moltiplica assai il colore. Altri costumano di
lasciar invecchiare per 4, o 5 mesi il sugo
finchè diventi grasso e tenace a guisa di
olio; ma non si osservò che giovasse almeno per la seta il conservarlo per sì lungo
tempo. Bastan li 15 giorni, o le tre settimane perchè acquisti la miglior qualità, e

se

se si adoperasse fatto di fresco, darebbe
un colore più chiaro, e si richiederebbe
una maggior quantità, poichè si attacca
meno.

Si può usare indifferentemente l'acqua
di pozzo, o di fiume per ottenere la
decozione del brasile. Il solo vantaggio
riportato, servendosi di acqua di pozzo
tanto pel decotto, quanto pel bagno,
egli è che i cremisì non han bisogno di essere schiariti colla cenere clavellata; ma si
è però osservato che quelli fatti coll'acqua
di fiume, e poi schiariti con le ceneri,
hanno un'apparenza un po' più vaga.

Sotto la general denominazione di legno di
brasile si racchiudono molte sorti di legno,
che somministrando tutte a un di presso il
medesimo colore, paiono nientedimeno diverse per la bellezza, o bontà della tinta.
Il migliore di tutti, e il più leggiadro per
la seta è quello detto fernambuco, ed è
eziandio il più caro; pesa moltissimo, ci
viene recato senza scorza, e comparisce all'
esterno alquanto bruno. Allorquando sia di
fresco tagliato, nel suo interno pare che
tiri al giallo più che al rosso; ma il color
rosso si va svolgendo a poco a poco all'aria.
Benchè il suo colore non sia giammai ben
carico, fa però d'uopo trascegliere il più
sano, il più netto, il men tarlato, e di
colore più carico che sia possibile.

I tintori non costumano adoperar il legno s. Marta, il quale non differisce dall'
anzidetto, se non se per essere molto più
rosso e più carico. Con tutto ciò po-

treb-

trebbe forse servire con vantaggio a fare certi colori carichi e cupi, essendo ben certo che serve di molto per dar colore alle tele e alle cotonine.

Vi è pure un altro legno quasi somigliante al fernambuco, detto del Giappone, o *brasiletto*: esso somministra molto men di colore, e quindi non si adopera che per formare i tuoni più bassi. Del resto vi è sempre più vantaggio a servirsi del fernambuco anche per questi tuoni, dacchè costa la medesima pena trar il colore dal legno giappone. Questo facilmente si distingue dal fernambuco per esser men colorito e molto più grosso; oltre a ciò ha nel suo interno un poco di midolla.

I bruni, o cremisì falsi si chiaman *rossi bruni*, perchè nelle manifatture si dà al falso cremisì il nome di rosso. Per fare questi tuoni, dopo che la seta ha tratto la tinta dal brasile, e se n'è veramente ripiena, si pone nello stesso bagno della decozione di campeggio più o meno secondo il tuono richiesto, si rimescola ben bene il bagno, e vi si ripassan di bel nuovo le sete, finchè abbiano acquistato il bruno necessario. Se mai non si ritrovasse il colore abbastanza violetto, gli si può dare coll'acqua un po' di lisciva di cenere clavellata come per il falso cremisì.

Per poi tingere la seta cruda in falso cremisì, si piglia la bianca naturale come pel giallo, e dopo averla ammollata si allumina e si maneggia come la cotta.

N 3   *Del*

Del colore ponsò, del nacarat, o rancio, e del colore di ciriegia.

Tutti questi colori sono de' rossi, ravvivati con un tuono più giallo, di quello che si faccia pel cremisì : si formano facilmente sulla lana con cocciniglia ingiallita e ravvivata colla composizione, o sia colla soluzione di stagno. Hanno sulla lana molto lustro e durevolezza, perchè la cocciniglia da cui si traggono è un ingrediente di buona tinta, ma non è così per la seta. Essa rifiuta assolutamente di pigliar codesti tuoni per via della cocciniglia, o almeno fino al giorno di oggi non v'è manipolazione cognita per farglieli prendere (1).

La seta posta in un bagno di cocciniglia, avvivato dalla composizione, e capace di tinger lana in colore di fuoco de' più vivi, altro non acquista che un tuono di buccia di cipolla debole e scuro, il quale altro non si può dire che una cattiva sconciatura. Siamo dunque forzati a formare tutti questi colori sulla seta con altra droga, col

---

(1) Saranno, da dieci, o dodici anni circa, che un tintore di buona tinta fece vedere un velluto color di fuoco, ch'egli asseriva tinto con cocciniglia. Per quanto si è potuto ripescar del suo segreto si è, che dava alla seta un forte apparecchio di oriana, e dopo averla ben lavata, la tingeva in bagno di cocciniglia, a cui aggiungeva poca quantità di soluzione di stagno, o composizione se così voglia chiamarsi. *Nota del signor Bertrand*.

col fiore cioè di una pianta detta cartamo, zaffranone o *asfor*.

Esso fiore racchiude in se due sorte di tinture ben distinte l'una dall'altra: l'una si è una specie di giallo di natura estrattiva, quindi solubile nell'acqua; e l'altra, un bellissimo rosso, molto più giallo del cremisì, e il cui tuono naturale è un color di ciriegia vivissimo e piacevolissimo. La seconda parte dal cartamo non si scioglie punto nell'acqua pura, poichè è di natura resinosa, come ben tosto faremo vedere.

Quantunque il tuono naturale del rosso resinoso del cartamo non sia abbastanza giallo, e richiegga di essere applicato sopra un fondo giallo di arancio, onde imitar possa il color di fuoco, o di scarlatto, che la cocciniglia dà alla lana, ciò non ostante non si fa verun uso del giallo estrattivo contenuto nel cartamo; e la ragione si è perchè questo giallo non è bello, nè ha la forza del colore che si ricerca. Si comincia dunque a separare questo giallo estrattivo dal rosso resinoso, il che riesce agevole per la diversa indole delle due tinture; quindi basta levarlo via con una ragionevole quantità di acqua, non rimanendo più nel cartamo in appresso che il rosso, il quale l'acqua non può disciogliere, e che poi si rende solubile con un sal alcali, onde renderlo atto a tingere, come si vedrà dalla qui esposta manipolazione.

N 4 *Pre-*

Preparazione del cartamo, o asfor.

Si pone il cartamo in sacchi di tela molto forte, cioè a un di presso 60 ℔ a un
tratto. Si portano i sacchi al fiume, e si
pon mente di scegliere un sito il cui fondo
sia buono, e non vi sieno sassi. S'immergono i sacchi nell'acqua, ed affinchè non
vengano strascinati via, si raccomandano
con una corda ad un palo fitto sull'orlo
dell'acqua. Dipoi una persona vi mon-
ta sopra, avendo in mano un buon bastone per tenersi appóggiato, e li pigia coi
piedi.

Se fa caldo, e non vi sia quantità grande di cartamo da lavare, le persone che
lo pigiano possono farlo a gambe nude, e
con i soli zoccoli; ma se essa quantità
fosse troppo grande, e fosse d'inverno,
conviene che le persone abbian degli stiva-
li ben forti, e da resistere all'acqua. Il
cartamo con tali lavature si libera da gran
quantità del suo giallo estrattivo, che l'
acqua porta via con se, e si continua a
pigiare i sacchi finchè l'acqua non estragga
più colore. L'operazione è lunga, e vi
vogliono da 2 giorni ad un uomo per lavar un sacco della tenuta di ℔ 60.

Allorquando si abbia vicina dell'acqua
di fonte, o buon'acqua di pozzo da bere,
si può tralasciar di lavare il cartamo al
fiume, e puossi lavarlo in casse, dove si
cercherà di rinnovar l'acqua, e si farà pi-
giar da un operaio. Spogliato che siasi il
car-

cartamo di tutto il suo giallo, si compisce di apparecchiarlo per la tintura nel seguente modo.

Si mette in una cassa, e come il cartamo si ritrova in grossi pezzi, così si dividono rompendoli con una pala. Non sì tosto esso sarà diviso, che vi si sparge sopra in varie volte della cenere clavellata, o soda ben polverizzata, e setacciata, in ragione di 6 ℔ per ogni centinaio della droga. Sì mescola ogni cosa assieme a misura che si va spargendo il sale. Si mette il tutto in un angolo della cassa, e si compie di far il miscuglio pigiando co' piedi a piccole porzioni, che così meschiate si fan passar in altra parte della cassa. Fatta tal operazione, si pone il cartamo in una sorte di cassa, il cui fondo sia a graticola, cioè con regoli distanti due dita l'un dall'altro; si tappezza l'interno della piccola cassa con buona tela fissa, si riempie la cassa di cartamo, la quale sta sovrapposta ad una cassa molto maggiore e bislunga, e vi si getta sopra il cartamo dell'acqua fredda. Essa si carica de' sali che tengono in dissoluzione la materia colorante della droga, e filtrasi cadendo nella cassa grande destinata a ritenerla. Si continua per tal modo a versar nuova acqua, dimenando finchè la cassa inferiore sia riempiuta; poi si travasa, si trasporta il cartamo sopra un' altra cassa grande, vi si versa nuova acqua finchè il liquor non abbia più colore; poi vi si aggiunge un po' di cenere, si diguazza, e si fa passar nuova acqua che s'impregna di di colore. Si tralascia di far l'operazione, quando si vegga la droga affatto spoglia del suo color rosso, e non vi rimanga altro che giallo. Ridotto il cartamo in tale stato, non è più buono a nulla.

Trattandosi di tinger seta in ponsò, o color di fuoco fino colla tintura così apparecchiata, essa seta dev'essere cotta come se dovesse rimaner bianca; poscia se le dà un piede di terra oriana tre, o quattro tuoni inferiore a quello detto *aurora*, come abbiamo insegnato nell'articolo dell'arancio. La seta non dev' esser alluminata nè punto nè poco, poichè non si tratta che di farle pigliar un colore proveniente da resina. Essendo la seta ben lavata, bene spremuta, e distribuita sui bastoni, vi si mette nel bagno del sugo di limone, finchè il color de giallo rossiccio divenga di un bel colore ciriegia, il che dicesi *mutar il colore*. Si mescola ogni cosa a dovere, vi si pone la seta, e si ripassa finchè veggasi che ritrae colore.

Fa mestieri avvertire che pei *ponsò* (colore più alto che somministrar possa il cartamo) allorchè la seta paia non ritrar più tinta in questo bagno, si leva, si torce, o spreme colla mano sul medesimo bagno, si sgocciola sul cavicchio, e tosto si ripassa in nuovo bagno della stessa forza del primo. Si opera come si è fatto la prima volta, e dopo si leva via, si torce, e si distende sulle pertiche. Quando sia rasciutta, si rimette in nuovi bagni simili a' primi, e si continua a far lo stesso, la-

van-

vandola, e facendola asciugar ad ogni nuovo
bagno finchè essa abbia acquistata la vivacità che si richiede. Avvertasi che vi biso-
gnano da 5, o 6 bagni per ridurla al color
di fuoco, o ponsò, sebbene ciò può anche
dipendere dalla forza stessa del bagno;
talchè vi vorrebbero assai più bagni se la
lisciva pel cartamo fosse più leggera; e
per quanto sia essa gagliarda, non si può
venir a capo di tal colore senza almeno
3, o 4 bagni.

Arrivata essa seta alla pienezza di colore richiesta, ravvivasi nella maniera che
siegue. Si fa riscaldar dell'acqua a segno
che sia disposta a bollire, si pone in una
cassa, si versa, in quest'acqua, del sugo di
limone, cioè $\frac{1}{4}$ di bottiglia, o sia di pinta
per ogni secchia di acqua. Si ripassano le
sete ponsò 7, o 8 volte all'incirca sopra
questo bagno che le ravviva, e serve a un
tratto per lavarle, pigliando in esso più
brio e vaghezza; dipoi si spremono, e si
fan asciugare al solito. Gli aranci e ciriege carichi si fanno precisamente come i
ponsò, salvo che non è necessario che le
sete abbiano l'apparecchio dell'oriana, po-
tendosi adoperar per tal sorta di colori i
bagni che han servito al ponsò, poichè così
si esauriscono affatto. Non debbonsi dunque
far bagni nuovi per gli aranci e ciriege carichi, se non se quando non si abbia avuto
occasione di far tinte pei ponsò.

Riguardo a' colori di ciriegia più leggeri,
a' colori rosa di ogni tuono, ed ai colori
di carne, essi fannosi sui secondi ed ulti-
mi

mi bagni del cartamo, che sono più deboli. Essi per altro si eseguiscono e si ravvivano a guisa di ponsò, ripassando sempre sul principio le sete che debbono esser più cariche di colore. Per il più leggero fra tutti questi tuoni, cioè a dire per un color di carne assai delicato, conviene che si ponga nel bagno un po' di acqua di sapone, stata adoperata per la cottura delle sete, conciossiachè il sapone alleggerisce il colore, fa che non lo prenda troppo presto, e che non sia mal cotto. Si lava poi, e gli si dà un po' di vivezza col bagno stato usato pei colori più carichi.

Tutti questi bagni si usan più presto che sia possibile, poichè serbandoli, perdono troppo del loro colore, il quale anche diventa nullo, o si perde affatto in capo a un certo tempo. Adoperansi sempre a freddo, perchè il cartamo divenuto rosso col limone, appena sente il calore che perde la sua tinta.

Per risparmiare il cartamo vi è l'uso da qualche tempo di adoperar, pei ponsò ed altri tuoni carichi, dell'oricello; e mancando l'oricello, il *Lichen tinctorius* (1).

Que-

---

(1) L'oricello è una specie di musco, del quale ve ne sono diverse sorti, e da cui trar si potrebbono delle tinture bellissime. Vi è l'oricello vero, cioè *Lichen brunastri di Lin.* Ritrovasi sul prugno spinoso. Havvi il *Lichen parietarius Lin.* Ritrovasi sopra i muri, e da esso ricavasi una tintura gialla per i panni di lana. Havvi pure il *Lichen tinctorius Lin. Spec. plant.* Tale specie ci somministra una tintura violetta. Preparasi in Alvernia colla calce e coll'oriana, e fassi una pasta molle

di

Questo oricello s'introduce ne' primi e ne' secondi bagni in ragione di 5, o 6 secchie di bagno di oricello in un bagno di circa 30 secchie di bagno di cartamo, il che viene ad esser a un di presso $\frac{1}{4}$ rapporto al totale del bagno. Ragionando poi de' colori che si forman coll'oricello, noi daremo la maniera di estrarne la tintura.

Per eseguire finalmente sulla seta cruda tutt'i tuoni provenienti del cartamo, si scelgono sete candide assai, e si trattano nel modo medesimo, con cui si è detto delle cotte, colla sola differenza, che si ripassan per l'ordinario i ponsò, gli aranci, e i ciriegia per le crude ne' bagni stati adoperati per far i medesimi colori nelle cotte. Tali bagni ritrovansi aver forza bastante per tingere la cruda, la quale come avvertito abbiamo, piglia più facilmente il colore, e domanda in generale men tintura della cotta.

Os-

---

di un violetto rosso, sparso, o spruzzato di macchie. Alla fine vi ha il *Lichen floridus. Lin.* Desso dà una tintura violetta più bella dell'anzidetta, ma per vedere se un *lichen* può ridursi in pasta di oricello, basta porre il *Lichen*, o pianta in un piccolo vaso, umettarla collo spirito volatile di sal ammoniaco, o di parti uguali di calce con una presa di sal ammoniaco. A capo di 3 giorni il liquore diverrà rosso, e la pianta si caricherà di tal colore; ma se così non avviene, non ci è niente da sperare. *Nota del signor Bertrand*.

Osservazioni sul cartamo.

Allorchè il cartamo è stato spogliato di tutto il suo giallo estrattivo col mezzo della lavatura in acqua, il rosso resinoso che gli rimane, vuol essere disciolto; e per tal effetto non si è trovato meglio degli alcali fissi, che l'esperienza ci ha fatto conoscere essere i più opportuni a tal uopo.

Quindi per disciogliere il rosso necessario alla tintura, si fa una specie di lisciva colla soda, o cenere clavellata, notando però che gli alcali, i quali disciolgono il resinoso, sceman di molto la intensità del colore riducendolo quasi al giallo, come abbiam veduto che siegue rapporto alla oriana. Il sugo adunque del limone, che si aggiunge al bagno, rimedia pienamente come acido a siffatto inconveniente, separando questa parte resinosa dall'alcali, e ristabilendo il colore in tutta la sua bellezza.

In fatti il rosso non è più allora in istato di soluzione, ma è piuttosto in forma di un precipitato, ed è così fino e attenuato, ch'equivale a una soluzione, e trovasi atto ad applicarsi alla seta. Ciò non ostante convien avvertire che quando la seta è rimasta per un certo spazio di tempo nella tintura, non seguita più a tingersi, sebbene siavi del colore nel bagno, il che nasce senza fallo a motivo che la seta s'attrae da principio le parti le più tenui, e le altre più grosse non sono atte ad applicarvisi, segnatamente al-

allorquando siasi caricata di tintura fino a un certo segno.

Il ponsò fatto con diligenza, e senza oricello, ben fornito di rosso del solo cartamo, e fatto di fresco, è un colore assai leggiadro e luccicante. Ciò non ostante non può reggere al paragone di un bel scarlatto di cocciniglia in panno lano, dacchè il fuoco del panno lo fa comparire debole e smorto. Esso ponsò regge al cimento dell'aceto, è più bello, più caro, e si sostiene un po' più di tempo all'aria, di quello che un cattivo color di fuoco formato col legno brasile, denominato *falso ponsò*, o *ratina*. Queste proprietà lo fan stimare da tintori e manifattori di seta come se fosse un color fino, e di buona tinta. Tuttavia esso non merita troppo il titolo di tintura fina e soda, poichè 24 ore di sola esposizione al sole e all'aria aperta, bastano per peggiorarlo di tre, o quattro tuoni; e in capo ad alcuni giorni di somigliante prova, appena rimane vestigio di tal colore sulla seta. Gli aranci ciriegia, e i colori rosa meno carichi di rosso di cartamo di quello che sia il ponsò, sono anco più presto danneggiati e sbanditi dalla impressione dell' aria. Finalmente è da notarsi che il rosso di *asfor* è della vera indole delle materie resinose, o delle solubili nello spirito di vino, e in fatti esso spirito porta seco, e strugge in un batter d'occhio questo colore nei drappi di seta.

Del

Del falso ponsò, o colore fatto col brasile.

Formasi col legno brasile una sorte di color di fuoco detto *ratine*, perchè riesce molto men caro, molto men bello, ed eziandio men durevole di quello dell'asfor. Per farlo, pigliansi sete cotte, come pei colori ordinarj, si dà loro un apparecchio di oriana di un tuono più intenso che per il buon ponsò, mercecchè il rosso del Brasile è naturalmente men giallo di quello del cartamo. L'apparecchio di cui parliamo vuol essere a un di presso ridotto al tuono semi-aurora. Per altro sì per la ratine, come pel ponsò fa d'uopo, quando una volta si abbia ottenuto un apparecchio conveniente, di riserbare una matassa per mostra, poichè essa serve di direttrice nel fare l' apparecchio ogni volta che s'abbiano a far de' colori.

Il color detto *ratine* si fa senza veruna difficoltà, conciossiachè dopo avere cotto la seta come abbiamo detto, si lava, si sgocciola, se le dà un apparecchio di oriana, poi si torna a lavarle battendole per una o due volte nell'acqua corrente. Ciò fatto, si allumina come si suol fare per tutti gli altri colori estrattivi, tal essendo il brasile; dopo si rinfresca nell'acqua corrente, ed ordinatala come al solito, se le fa un bagno di sugo di brasile in acqua calda. Vi si pone in questo bagno un poco di acqua di sapone della cucinatura riserbata a tal uopo, in ragione di quattro, o 5 bottitiglie in una cassa contenente 25, o 30 ℔ di seta; indi si muove il tutto, e v. si pone la seta.

Se dopo alquante ripassate si scorge, che il colore non sia abbastanza pieno, o carico, vi si aggiugne il sugo del legno brasile. Quando il colore sia eguale, si lascia che pigli la sua tintura, ponendo mente a ripassar la seta di tratto in tratto, finchè giunga il colore al tuono richiesto. Ciò fatto, si lava in acqua corrente: puossi anco battere per una volta, quando si vegga che manchi di rosso, ma prima convien notare se l'acqua sia in caso di mangiare, o far divenire roseo il colore, come succede colla più parte. Se tal proprietà non l'avesse, in luogo di battere la seta, sarebbe d'uopo ricaricar il bagno di sugo di brasile, finchè la *ratine* avesse acquistato del rosso a sufficienza. Col medesimo metodo si fanno delle *ratines* più brune, le quali si allontanano assolutamente dal tuono del color di fuoco.

Per ridurle più brune, quando sia fatto il bagno di brasile, se ne getta via una parte, e vi si rimette nuovo sugo di brasile, che si lascia bollire; dopo di che s'introduce in tal bagno del sugo di campeggio, che ci porge una brunitura più, o men gagliarda secondo la quantità che vi si è posta.

Per dare il color *ratine* alla seta cruda, pigliansi sete bianche come pel giallo, e dopo averle immollate, si dà loro l'apparecchio tiepido, o anche freddo di oriana

O   per

per non levar la gomma alla seta, e dopo
si dà compimento a questo colore, come
s'usa per la cotta.

Del falso color di rosa.

Non vi è l'uso di fare falso nè il ca-
narat, nè il ciriegia, poichè i colori falsi
di tal tuono riescono assai brutti e tristi.
Si fa bensì il falso rosa, cuocendo la seta
come pel ponsò, alluminandola e passando-
la per un bagno di brasile molto leggero
senza verun'altra giunta; ma siccome questo colore riesce assai grigio, e manca assolutamente di lustro, si usa assai poco.
Per tingere o dar tal colore alla seta cruda, bisogna scegliere sete molto candide
come per tutti i colori dilicati, e dopo
averle messe in molle si tingono nel modo
stesso delle cotte.

Del verde.

Esso è composto di giallo e blu. E' difficile a formarsi sulla seta, stante l'inconveniente del blu di tino, il quale va soggetto
a macchiarsi e a dare un colore disuguale;
il che riesce molto più disgustoso nel verde di quello che nel solo blu. Per altro i
verdi si fanno nella seguente maniera, badando che la cuocitura della seta ha da essere nè più, nè meno quella usata per gli
ordinarj colori.

I tintori sogliono distinguere moltissimi
verdi, ma noi non favelleremo che de'princi-

pa-

pali, e solo di quelli per cui fa d'uopo mettere in uso diversi ingredienti. Il primo è il verde mare, e desso ha 25, o 30 degradazioni dalla più fiacca detta pistacchio avente un po' di limone, fino alla più piena detta in francese verde di *terrasse*.

Prima di formare questi verdi, conviene cuocer la seta, alluminarla gagliardamente, e dopo rinfrescarla con acqua corrente, e distribuirla in picciole matasse da 4 o 5 once. Siffatta precauzione si rende necessaria per comunicar l'apparecchio di giallo a tutte le sete destinate ad essere tinte in verde, conciossiachè essa distribuita in matassini ha del vantaggio nell'esser tinta in verde, e trattandosi di verdi si debbono pigliar tutte le possibili misure per darle tal vantaggio. Appresso si fa bollire dell'erba guada come si è detto parlando del colore giallo. Bollita che sia l'erba, preparasi un bagno con l'acqua chiara, forte a segno da dare un apparecchio, o base di limone. Si passa la seta con molta diligenza, poichè l'ineguaglianza della base, o dell'apparecchio molto facilmente si dà a vedere nel verde, e allorquando credesi che l'apparecchio sia arrivato a un di presso alla sua intensità, si tuffano nel tino alcuni fili, o parti di seta per vedere se il colore riesce abbastanza carico; e in caso che non fosse tale, vi si aggiunge della decozione di luteola, riprovando di bel nuovo la seta nel tino. Quando il colore riesce bene, spremesi la seta, si rinfresca in acqua corrente, si batte una volta se si vuole, si

rior-

riordina la seta, e si rimette in matasse discretamente grandi per passar nel tino. Si ripassano a matassa per matassa, una dopo l'altra, come si suol fare pei blu, si spremono, si fanno asciugare colla medesima cura e colla stessa sollecitudine.

Quindici, o 16 tuoni i più chiari di tal maniera di verdi, non han d'uopo che di essere passati nel tino per esser interamente condotti alla perfezione. Volendosi il verde pistacchio, se il tino fosse per anco troppo forte, devesi lasciare ventilare la matassa senza lavarla nell'uscir del tino, e si batte tenendola in una mano coll'altra, talchè i fili si separino gli uni dagli altri, e che piglino aria, il che fa che il colore si schiarisca con eguaglianza; appresso si lavano alcuni pezzi per esperimentare se il colore vada bene, e poi si lava. Il ritardo nel lavare diventa necessario per ingiallire quanto basta siffatto tuono, dacchè il color del tino non essendo lavato s'infievolisce, e si mangia un poco stando esposto all'aria. Pei verdi più pieni di tal tuono, aggiungesi nel bagno, allorquando l'erba ne sia tratta fuori, del sugo di campeggio, il che serve a imbrunirli; e quanto alle tinte più piene di tutte le altre, han bisogno che vi si aggiunga decozione di legno di scotano. Questo dà un fondo che carica il colore, poi lavansi dando loro una battitura a guisa delle anzidette, e si passan nel tino sempre colla stessa attenzione nel lavarle e farle asciugare sollecitamente. Hanvi altri

tri tuoni di verde da non riporsi fra' verdi mare, poichè tiran più al giallo, ma
ciò non ostante formansi con i medesimi
ingredienti a guisa dei verdi di salice.
Ora per tali verdi si ripassan le sete in un
gagliardissimo bagno di guado, e tostochè
si è estratta la tintura, si pone nel medesimo bagno, o scotano, o oriana per ter-
minar di giungere al tuono che si desidera-
ra. Se il colore ha mestieri di esser reso
bruno, vi si aggiunge del campeggio dopo
lo scotano, l'oriana; poi si passa nel
tino.

Il secondo tuono di verde di cui dobbiam
ragionare, è il *verde prato*, o *verde sme-*
raldo. Questo, per farlo, si allumina come
si è detto pel verde mare, e dopo aver
rinfrescato la seta in acqua corrente, si fa
passare in un bagno di guado che abbia
servito a fare il verde mare. Allorchè il colore
apparisce uguale, si fa la prova di qualche
picciola porzione per vedere la intensità
dell'apparecchio, e se il verde si ritrova
troppo blu, si rimette nuova decozione di
guado, si mescola bene il bagno, e vi si
ripassa di bel nuovo la seta, finchè facendo una novella prova sul tino, si ritrovi
che questo apparecchio convenga, o sia opportuno pel tuono che si vuole, non essendovi altra differenza fra il verde prato
e il verde smeraldo, se non che il primo
è un poco più carico dell'altro.

Nelle fabbriche, o tintorie dove può
comodamente procacciarsi della *serratula*
tinctoria, usan servirsi piuttosto di essa,

che

che del guado, onde formare tali sorti di
verdi, perchè la *serratula* dà naturalmente
più verde dell'erba, o per meglio dire,
perchè la serratula seccandosi resta nel
medesimo tuono di colore che ha preso nel
bagno, laddove il color dell'erba guado
ingiallisce, e seccandosi diventa un po'
rosso.

Si può anche adoprare la ginestra *tinctoria germanica*, Tourn. 643, oppure la
medesima ginestra detta da Linneo *genista
foliis lanceolatis glabris, ramis striatis, te-
retibus, erectis*, in difetto della serratula;
conciossiachè la ginestra produce gli stessi
effetti del guado, colla sola differenza, ch'
essa carica meno la tinta, e quindi occorre metterne di vantaggio. Per altro tali
colori debbono lavarsi e asciugarsi presto
come tutti i verdi, e i blu in generale.

Il terzo tuono di cui ragioneremo, si è
il verde *canard* ovvero anitra, che si fa
coll'erba guado, colla serratula, o anche
colla ginestra dando un buon apparecchio
con tali ingredienti, e fatto che sia il bagno si dà il bruno al colore con campeggio nel bagno istesso, e poi si passa nel
tino.

I verdi di *garofani* si fanno come il verde *prato*, o smeraldo, badando solamente
che si variano i tuoni, dando gli apparecchi più, o men forti secondo i tuoni che
si desiderano. Per far divenire bruni i
verdi anitra, vi si mette campeggio come
ne' surriferiti atti di colore.

Il verde detto *celadon* deve avere meno
ap-

apparecchio degli altri, mercecchè tira più al blu, e i *celadon* bruni si fan mediante il campeggio. Finalmente il verde *pomme* tiene precisamente il luogo medio tra il verde *garofano* e il *celadon*, e si forma colle stesse manipolazioni. Tutti gli apparecchi de'verdi di cui parlammo, dal verde mare in fuori, debbono darsi per quanto sia possibile coi bagni di erba che han già servito, in cui però non v'entri punto di campeggio, o di scotano, da'botanici detto *cotinus coriaria* Dod. o *rhus cotinus* Lin. poichè la seta gagliardamente alluminata si tinge troppo presto ne'nuovi bagni, e quindi andrebbe soggetta a pigliar un colore disuguale; perciò sarà a proposito serbar sempre de' bagni antichi per formar somiglianti verdi.

Osservazioni.

La luteola e la ginestra fanno come si è detto a un di presso gli stessi effetti, e si usano quasi indifferentemente, e alcune volte ancora mescolate assieme. E quanto alla *serratula* egli è certo che si deve antepor alle due altre per tutte le tinte di verde, salvo in quelle, dove siamo obbligati a porre campeggio, scotano, o oriana. Oltre i verdi da noi rammentati, ve ne son molti altri, i cui nomi variano secondo le fabbriche, ma che si racchiudono tutti nelle principali tinte, o tuoni di cui abbiamo favellato. Basterà osservare soltanto, che pe' sei tuoni assolutamente

bru-

bruni, e tiranti quasi al nero, si usa vitriolo di cipro per introdurvi il bruno dopo aver profittato degli altri ingredienti.
E quanto a'tuoni molto chiari de' verdi
celadon, e di altri piccoli verdi chiari,
sarà molto opportuno, che la seta sia stata cotta bianca come pei blu, riuscendo
queste tinte leggiere molto più allegre e
trasparenti.

Del color d' oliva.

Le sete che si voglion tingere in questo
colore, debbono essere cotte nel modo solito, dopo una forte alluminatura, e rinfrescate nell'acqua corrente si passano in un
bagno ben forte di guado come se avessero
a farsi gialle; e ridotto a perfezione il
bagno, vi si aggiunge il campeggio. Estratto
che sia il colore del campeggio, vi si pone
nel bagno lisciva di ceneri clavellate: l'alcali di esse ceneri rinverdisce il colore, gli
fa pigliar l'oliva; si passan di bel nuovo
le sete nel bagno, e giunte al tuono che
si richiede, si levan via, si lavano, e si
mettono ad asciugar sulle pertiche. Hanvi due tuoni di oliva, cioè la verde di
cui noi parliamo, e l'altro l'oliva marcia.
Per questo secondo tuono, dopo aver dato
l'erba, si aggiunge nel bagno dello scotano e del campeggio senza la giunta della
cenere; ma se si volesse il colore men
rossiccio, non si mette che campeggio
senza cenere.

Quanto a'tuoni chiari di questi due co-
lo-

lori, si dà men di campeggio pei chiari,
e di più per i più pieni, o carichi.

Sebbene l' oliva sia una sorta di verde,
ciò non ostante non si adopera tino per
formarlo, poichè il colore diverrebbe troppo verde. Il campeggio che naturalmente
tira al violetto, diventa più blu per la
giunta della cenere clavellata, ed esso blu
accoppiato col giallo dell'erba guado che
si esalta eziandio per effetto dell'alcali,
somministra il verde necessario per questo
tuono.

Si fa pure collo scotano un oliva più
rossiccio di quello di cui abbiamo parlato,
e si fa così: Dopo avere alluminato le sete secondo il consueto, si passano in un
bagno di scotano, in cui vi sia aggiunto
vitriolo di cipro, e campeggio. Estratto a
perfezione il bagno, si getta via, e se ne
fa un nuovo somigliante al primo, badando di rettificare la dose degl'ingredienti,
conciossiachè se si scorge che il colore pec-
chi per qualche verso, vi si passa la seta
come nel primo, finchè sia arrivata a ragionevole intensità. I due bagni debbono
esser ridotti a un calore medio, o temperato. Finalmente il verde sulla seta cruda
si fa come per la cotta, scegliendo le sete
bianche come pel giallo, e dopo averle
ammollate si alluminano, e tutto il resto
deve condursi come per le cotte.

Del

Del violetto.

Il violetto è un color composto di rosso e di blu, e si adopera l'indaco per dare il blu a tutti i violetti; e quanto al rosso si ritrae dalla cocciniglia, o da molti altri ingredienti usati pel rosso. D'altronde il violetto, il cui rosso deriva dalla cocciniglia, è di buona tinta, e chiamasi violetto fino; ma l'altro il cui rosso viene dall'oricello, è di pochissima durata, e si nomina falso violetto.

Del buon violetto.

Per questo colore si cuoce la seta nel modo consueto, poi si allumina alla maniera del buon cremisì, avendo cura di batter due volte, lavando la seta nell'acqua corrente. Ciò fatto, si dà la cocciniglia come si suol fare pel cremisì, colla sola differenza, che non si pone nel bagno nè tartaro nè composizione, perchè siffatti acidi non si adoperano pel cremisì, che per avvivar vie maggiormente il color della cocciniglia, e fornirgli un'apparenza più gialla. Al contrario pel violetto fa mestieri, che la cocciniglia rimanga nel suo naturál colore, il quale è più violetto e porporino. Vi si pone più, o men di cocciniglia secondo l'intensità del tuono che s'intende di avere. Peraltro la consueta dose per un bel violetto si è di 2 once per ogni ℔ di seta.

Ora

Ora per formar il bagno empiesi di acqua la caldaia, destinata a far il colore, sino alla metà circa, e vi si fa bollir la cocciniglia a un di presso $\frac{1}{4}$ di ora. Nel frattempo si pongono le sete sui bastoni a piccole matasse, come si è fatto per dare l'apparecchio a' verdi, dipoi si termina di riempire la caldaia con acqua fredda, onde il bagno riesca solamente tiepido. Allora vi si pongono le sete, e tosto si ripassan nel bagno con diligenza, e se anco vi fossero una ventina di bastoni, o più, converrebbe necessariamente adoperar due persone per ripassarle, affinchè il colore si facesse uguale, e si attaccasse egualmente. Quando il colore comparisce uguale dappertutto, si accresce il fuoco onde far bollire il bagno, e in questo tempo una sola persona basta per continuar a ripassare, il che devesi sempre fare con diligenza e finchè dura il bollimento, cioè per due ore come si fa nel buon cremisì. Se mai si vedesse che dopo le 2 ore il bagno non fosse esaurito, si possono sommergere nel bagno le sete, per 5, o 6 ore; dopo di che lavansi in acqua corrente battendole per due volte, si riordinano, e si passano nel tino più o men forte secondo la intensità che si vuol dare al violetto. Quanto alla lavatura, e al modo di asciugarle, si trattano come i blu, e i verdi, e in generale tutt'i colori che si fan nel tino.

I tintori hanno l'uso di adoperar un poco d'oricello in tali colori, onde dar loro più vivacità e leggiadria. Per usar l'oricello, si posi pone nel bagno di cocciniglia, dopo che siasi esaurito, la quantità che si crede conveniente al tuono che si vuol'avere; si fa bollire circa ¼ di ora, si lascia poi riposare un poco per dar tempo all'oricello di cadere al fondo, e dopo si passa la seta in tal bagno. Tal lavoro è da biasimarsi, perciocchè il color dell'oricello essendo di falsa tinta, non deve essere ammesso in colore buono e fino, come è il violetto di pura cocciniglia. L'uso di accoppiar l'oricello alla cocciniglia ne' buoni violetti si è introdotto a poco a poco, e fondasi in ciò, che il rosso della cocciniglia riesce notabilmente men bello di quel dell'oricello in questo colore. Ora siccome i manifattori ed i mercadanti di stoffe di seta danno sempre la preferenza alla vivacità e leggiadria de'colori; quindi si sono lasciati indurre a tal'operazione, e dall'altro canto l'oricello non costando quasi nulla a confronto della cocciniglia, molti tintori hanno accresciuto insensibilmente la dose di questo ingrediente di falsa tinta, e scemato quello della cocciniglia; talchè i loro violetti detti fini e buoni, che sempre si fan pagare come tali, non sono poi in realtà che falsi violetti. Codesto è un abuso, o una frode che dovrebbe essere repressa, quantunque paia indispensabile l'ammettere oricello nei tuoni fiacchi e leggeri di violetto, attesochè il colore somministrato dalla cocciniglia in tali tuoni è sì cupo e tristo, che non si può sopportare. Si son dunque peggiorati i tuoni

leg-

leggeri con oricello, il quale dà sempre
color bellissimo, quantunque poi sia di
poca durata, e falso quanto mai.

Abbiamo detto parlando de' blu, che non
si potevan fare nella seta le tinte più cariche del blu col solo indaco, ma doveasi
unirvi un rosso bruno e carico. Questo
rosso può trarsi dalla cocciniglia, e i blu
imbruniti con tal ingrediente si chiamano
blu buoni e fini per distinguerli da quei
imbruniti coll'oricello, ingrediente di falsa
tinta. Ora questa sorta di blu carichi sono
piuttosto, come ben si vede, una specie
di violetti.

Il blu fino si allumina come il violetto
di buona tinta, si lava nello stesso modo
in acqua corrente, gli si dà la cocciniglia
alla dose di un'oncia, o di un'oncia e mezza secondo la intensità del color che si
vuole. Si ha cura di mettere la seta a
picciole matasse come pel violetto, poscia
si lavano battendole due volte, e dopo di
ciò altro non si ha da fare che passarle
in un tino nuovo.

De' violetti falsi, e de' lilas.

Si fannó de' falsi violetti in varie maniere, e con varj ingredienti di cui ne ragioneremo; ma i più belli e più usitati si
fan coll'oricello. Tal droga è del genere
de' moschi, o licheni: essa in fatti è un'erba
che nel suo stato naturale non fornisce color veruno nell'acqua, e quindi siamo obbligati per servirsene di svolgere, e discio-
glie-

gliere il principio colorante col mezzo di una digestione, o di una sorte di fermentazione promossa, e favorita col miscuglio di orina e di calce. Il modo di apparecchiarlo per la tintura, viene minutamente descritto, e con molta esattezza, nel trattato della tintura delle lane del signor Hellot (già tradotto in italiano, e stampato in Verona). La parte colorante di questa droga pare che sia resinosa, dacchè non si può sciogliere nell'acqua se non se col mezzo di un alcali; e perciò le materie da tingersi coll'oricello non han mestieri di alluminatura. Ecco dunque come si fa a tingere con questo ingrediente.

Si fa bollire, in una caldaia, dell'oricello in dose proporzionata al colore, che si vuol avere. Se si ama un violetto carico, si suol mettere gran quantità di oricello, che arrivi a 3, o 4 volte il peso della seta secondo la buona qualità della droga, e della pienezza del colore. Nell'atto che si sta preparando il bagno, si battono per una sola volta nell'acqua le sete uscite dal sapone per rimondarle, si sgocciolano in appresso, e si riducono in matasse come pei violetti fini. Si trasporta il liquore caldo dell'oricello, ma chiaro, lasciando la posatura nel fondo, e si pone in cassa, o vaso di ragionevole grandezza, sulla quale si passano le sete con molta diligenza.

Allorquando il colore vada bene, se ne fa un saggio nel tino per vedere se sia abbastanza pieno da prendere un bel violetto ben carico. Se fosse troppo chiaro, si rimetmette nel bagno di oricello, e quando sia d'uopo, se ne aggiunge di bel nuovo. Giunto che sia il colore a un punto convenevole, si batte una volta nell'acqua, e si passa nel tino come si usa pei violetti fini. Il modo di lavare e di asciugare è lo stesso per tutt'i colori provenienti dal tino. I varj tuoni di violetto si chiaman con nomi anche varj; il già descritto dicesi violetto di Olanda, ed è il più carico e il più leggiadro quanto al colore.

Il secondo detto da vescovo, è del pari carico rispetto al fondo, ma ha men colore dal tino, il che gli conserva un'apparenza più rossiccia. Le scale, o degradazioni di codesti due tuoni principali si fan nel modo istesso con meno di fondo, e con men di tino. La scala del violetto di Olanda ci dà tutt'i tuoni de' *Lilas blu* più o men pieni; quello del vescovo fornisce i varj tuoni de' *Lilas rossi*. E siccome convien dare il blu con molta parsimonia. a questi *Lilas* o fiore di persico, essendo per l'ordinario il tino troppo carico di colore, si costuma per rendersi padrone di tal tuono, di meschiare un po' di tino nuovo con cenere clavellata in acqua chiara tiepida, onde preparar un bagno fatto espressamente, in cui si dà il blu ai *Lilas* a piacere. Per fare il detto bagno, si ha da pigliar da un tino nuovo, e che sia in tutta la sua forza, poichè il tino già stanco, e che abbia lavorato molto, non darebbe, quand'anche se ne ponesse in maggior quantità, se non che un color grigio e niente sodo, o di durata.

Al-

Allorchè siasi posta della materia del tino nel bagno di cui si ragiona, si dimena e si mescola tosto: essa piglia un color verde che insensibilmente diminuisce. Per passarvi le sete si aspetta che tal bagno abbia principiato a perdere un poco del suo primo verde, e si ravvicini al colore dell'indaco, perciocchè se si passassero in questo tempo, si sarebbe esposti a fare un colore disuguale, e la ragione si è perchè quando il bagno sta in tutto il suo verde, e quindi in tutta la sua forza, le prime porzioni di seta passate, prenderebbero con avidità il color del bagno; laddove ponendole dopo che ha perduto del suo verde, le porzioni di seta che vengono dopo, riscontran la materia senza la medesima forza, e quindi pigliano un blu men forte.

La cenere clavellata, che si pone in questo bagno, serve a mutar in blu l'oricello, perciocchè generalmente parlando l'effetto di tutti gli alcali è di rendere tutt'i rossi più violetti. Essa non si mette nel bagno di oricello, perchè bollendo con esso lui potrebbe struggere in parte il colore e l'effetto. Noi abbiamo prescritto un bagno tiepido per renderlo blu, dacchè l'acqua calda sola basta per indebolire l'apparecchio dell'oricello, e tanto più produrrebbe lo stesso effetto se fosse corredata di un sale alcali; e in caso di bisogno potrebbesi servire di acqua tiepida per far questa operazione.

Fatti che sieno tali colori, si spremono
sul

sul bagno, e poi anche si torcono sul cavicchio senza lavarli, stante che la maggior parte del blu se ne anderebbe via
colla lavatura; dopo di ciò si pongono le
sete ad asciugare in luogo coperto, perciocchè l'azione dell'aria basterebbe per
notabilmente alterarli. I violetti e i *lilas*
di oricello, segnatamente fatti, con quello
delle Canarie ch'è il migliore, riescono di
una grande bellezza. Essi però sono i men
durevoli di tutt'i colori, talchè non solo il menomo acido strugge assolutamente
essi colori, ma l'aria sola li rende peggio-
ri così presto, ch'è necessario tener chiu-
se in qualche armadio le sete così tinte,
se conservar si vuole la freschezza del colore.

Del violetto tratto dal campeggio.

Per formare il violetto col campeggio si
pigliano delle sete cotte, alluminate, e lavate secondo l'ordinario metodo: si fa
bollir nell'acqua del campeggio ridotto in
pezzetti, come abbiam prescritto rapporto
al legno brasile, e si mette la decozione in
un tino per valersene all'occasione. Quando poi si voglia tingere, si mette in una
cassa una quantità di acqua fredda proporzionata a quella della seta da tingersi: vi
si aggiunge e vi si mescola ben bene una
quantità ragionevole di decozione secondo
il tuono che si vuol fare, e vi si ripassan le sete a freddo, finattantochè abbiano acquistato il colore richiesto. Si os-
serverà ch'esse pigliano un violetto men

bel-

bello di quel dell'oricello, e un poco più cupo.

Il color nativo di questo legno è un rosso bruno, avvertendo che quello che ha più colore, è il più sano; il men carico di alburno, è il migliore. Il decotto di tal legno è un rosso bruno e nerastro. Per altro le sete da tingersi con esso legno han da essere alluminate, senza di che non farebbero che imbrattarsi di un colore rossiccio, da non reggere neppure alla lavatura, per la ragione che la tintura di esso è d'indole estrattiva. Quando però sieno alluminate, piglian nel bagno un color violetto mezzanamente leggiadro, un poco più resistente di quello fatto con oricello, il quale regge un po' al sapone che gli dà un'apparenza blu. Si deve fare a freddo, perciocchè il bagno caldo di campeggio comunica un colore ondato e disuguale, e inoltre molto più scuro e meno vago. Di più, per la stessa ragione si dee badare che il decotto sia stato fatto due o tre giorni prima di servirsene, poichè se si usasse fatto di fresco darebbe, un color a macchie, ed ineguale. Giova nientedimeno l'osservare, che non si deve serbar il decotto tanto tempo come quello di brasile, perciocchè a lungo andare si guasta e piglia una sorta di fondo falbo. Quindi non se ne deve fare in una volta se non che quella quantità, che si ha da consumar nello spazio di tre settimane, o di un mese.

Vie-

Violetto di campeggio con verde rame.

Formasi eziandio un color violetto con verde rame nel qui appresso modo. Si lavan le sete dal sapone, si sgocciolano ec. Si diluisce nell'acqua fredda a un di presso un'oncia di verde rame per ogni ℔ di seta, e allorquando sia ben mescolato nell' acqua, si ripassano le sete in questo bagno, vi si lascian circa un'ora, o per il tempo necessario a ben impregnarsi di verde rame. Colà esse non prendono colore che riesca sensibile. Dopo di ciò si spremono per riporle sui bastoni: si fa un bagno di campeggio come pel violetto surriferito, vi si passan le sete, ed esse vi pigliano un color blu bastantemente carico. Quando esse abbiano attratto a se il bagno, si lavano; si mette nel bagno, o nell'acqua chiara, dell'allume sciolto nell'acqua, e si passano le sete le quali acquistano un rosso che da blu le riduce violette. Rapporto all'allume da aggiungersi, non se ne può fissare la quantità. Dal più, o meno dipende che il violetto sia rossiccio. Quando abbiano acquistato il colore che si vuole, si spremono sul bagno, si lavano, si torcono sul cavicchio, e si spremono ugualmente onde il color rimanga uguale asciugandosi; il che non succederebbe se troppo si torcessero uscendo dalla lavatura, mercecchè i siti più spremuti resterebbero più chiari, e gli altri con un colore più carico; inconveniente a cui vanno molto soggetti i

co-

colori tratti dal campeggio. La stessa attenzione esigono i violetti di campeggio,
formati senza il verde rame.

Ora i violetti di cui parliamo, non hanno nè più bellezza, nè più sodezza di quelli eseguiti senza tal ingrediente; ma si ha
da avvertire che il verde rame con cui s'
inzuppano le sete, serve d' alluminatura
per guadagnarsi la tinta del campeggio, e
in tal caso il colore riesce affatto blu, e
l'allume aggiunto dopo, non ad altro serve che a dare il rosso di cui si ha bisogno pel violetto. Da ciò si raccoglie, che
col mezzo del verde rame e del campeggio si può avere un blu, ma falso assai,
e da non paragonarsi a quel di tino, nè
per la vaghezza, nè per la resistenza.

Violetto di brasile e di campeggio.

Per formarlo si pigliano sete alluminate
e rinfrescate nell'acqua secondo il consueto,
poi si passano in un bagno di legno brasile al grado del calore ordinario. Quando
siensi tinte, vi si aggiunge il decotto di
campeggio, e vi si ripassano: ridotto il
colore al grado richiesto, si muta aggiungendo nel bagno un po' di lisciva di ceneri
clavellate. Ciò fatto si lavano, si spremono,
e si pongono ad asciugare secondo il solito.

Il violetto composto dal brasile e dal
campeggio riesce più rosso, e molto più
vago di quello che si fa col solo campeggio, senza però essere più sodo, e inoltre
va soggetto ad alterarsi col sapone.

Noi

Non è poi cosa indifferente il dar prima
o dopo il bagno di brasile; ma deesi co-
minciar dal brasile per la ragione che
quando le sete sonosi caricate di tintura di campeggio, durano più fatica a
pigliar quella di brasile; il che probabilmente proviene, perchè la tintura di campeggio si attacca con molta avidità all'allume, e fa che non ne rimanga abbastanza
per ben trar a se il brasile. D'altronde
converrebbe, se si volesse principiar dal
campeggio, dar il bagno a freddo, avvegna-
chè esso, essendo caldo, comunica il colore
inegualmente, talchè l'ineguaglianza si fa
vedere se si espone al caldo dopo che sia
stato tinto; la qual cosa non accade seguendo la istruzione che noi abbiamo data.
Non è necessario dunque dar il campeggio
a freddo in questa operazione come nelle
precedenti, perciocchè essendo le sete inzuppate di tintura di brasile, e la loro alluminatura men forte, con ciò non va soggetto a dar tinte ineguali, siccome avviene essendo solo.

La sola combinazione di tintura di campeggio con quella di brasile forma un violetto; ma per dargli più lustro, mutasi
colla cenere clavellata. Essa in fatti ralle-
gra di molto il color del brasile, riducendolo più porpora. Per altro in vece di
porre cenere clavellata nel bagno, giova
molto alcune volte il formare un bagno di
acqua chiara per mutar il colore; e tal
operazione si deve fare quando s'ha da ac-
compagnar qualche tuono di colore, temendo

P 3   per

per esempio, che la seta non si carichi troppo di tintura, lasciandola più lungo tempo nel bagno. Per l'ordinario v'è il costume di lavare soltanto tutti questi tuoni in acqua corrente senza batterli. Ciò non ostante può accadere che si abbia mestieri di battere tutti questi colori lavandoli; e si ha ricorso al battere allorchè si crede che il colore sia troppo bruno e troppo cupo, e che si giudica opportuna l'operazione per schiarirli ed allegrarli. Così si fa ancora se si rilevan nelle sete alcune sporcizie, o impurità che con tal mezzo si possono levar via.

Violetto di brasile e di oricello.

Per formarlo dopo aver cotto e alluminato la seta come pei precedenti colori, essa si passa per un bagno chiaro di brasile, o per un altro adoperato per fare i colori rossi; e allorquando abbia tratto a se la tinta, si batte in acqua corrente, poi si passa per un bagno di oricello, onde si compisca la pienezza. Inoltre lavasi un'altra volta battendola, dopo si ripassa pel tino, si torce, si spreme, e si asciuga colla stessa sollecitudine, con cui si sono asciugati i verdi e i blu.

Questa sorte di violetto si accosta al bel violetto chiamato di Olanda, che formasi con oricello puro, e col tino. Il brasile che se le dà prima dell'oricello, serve per risparmiar l'oricello stesso; ma come questi violetti sono sempre men belli di quei

d'Oland'Olanda, così non conviene valersi di tal manipolazione che pei violetti che si vogliono ridurre a grande pienezza, e tale da non potersi conseguire senza tal soccorso. La tintura di brasile comincia a comunicar alla seta un apparecchio forte, nè impedisce che l'oricello non pigli poi sulla seta colla medesima forza, come se non avesse ricevuta la prima tintura.

Ciò che impedisce che i violetti di cui si ragiona, non acquistino bellezza e vivacità al pari di quelli di Olanda, si è l'alluminatura che siamo obbligati a dare, onde possa estrar il brasile. In fatti l'allume ha la proprietà d'ingiallire l'oricello, cosa che non si confà con questo colore.

Inoltre per tingere in violetto la seta cruda, si pigliano delle sete candide come per fare il giallo, e dopo averle ammollate, si trattano come i violetti sulle cotte, ciascheduno secondo il tuono ch'esige. Per altro il violetto non si usa punto per la seta cruda.

Del porpora. Del porpora fino, ovvero fatto con cocciniglia.

Per formar questo colore cuocesi la seta all'ordinario, e si allumina a guisa de' violetti fini. La cocciniglia si fa parimente come pel violetto fino, e la consueta dose consiste in 2 once. Riesce ben chiaro il vedere che conviene mettervene di più, o di meno secondo il tuono che si vuole avere. Allorquando la seta ha bollito nel

P 4

ba-

bagno di cocciniglia per 2 ore, si ritira, lavasi, e si batte in acqua corrente. Se si amasse un porpora più violetto, o che tirasse più al blu, basta far passare la seta in tino debole; ma in tal caso si dee por mente, come già abbiamo detto, di spremere e asciugare con gran prontezza, essendo tal cautela assolutamente necessaria per tutt'i colori che si fan nel tino. Per altro non si fan passar nel tino, che i porpora più bruni e più carichi: gli altri si fan passare per l'acqua fredda in cui vi si pone un poco di bagno del tino, perciocchè piglierebbero soverchio blu nel tino stesso, per quanto debole esso fosse. Per far mutare tutti questi colori, si può introdurre una piccola quantità di arsenico nel bagno di cocciniglia; mettendovene all' ordinario circa mezz'oncia per ogni ℔ di cocciniglia. I tuoni chiari di tal colore si fan precisamente nel modo stesso, badando a porvi meno di cocciniglia. I tuoni più bassi di porpora sono quelli che si dicono in francese *giroflè*, e *gris de lin*, e quelli più bassi del *gris de lin* prendono il nome di *fior di persico*. Il *giroflè* si fa senza mutare il bagno, e così anche gli altri tuoni; se non che nel caso che sieno troppo rossi. Se ciò fosse avvenuto, cioè il troppo rosso, si mutano con un po' di bagno del tino.

Del

Del falso porpora

Il falso porpora s' allumina come si suol fare pe' colori ordinarj di brasile; si dà alle sete un leggier bagno di brasile, poi si battono una sola volta in acqua corrente; quindi si passano in un bagno di oricello più, o men gagliardo, secondo il tuono che s'intenda di fare. Per altro il brasile che si dà prima dell'oricello, è necessario, poichè l'oricello solo ridurrebbe il colore troppo violetto. Per imbrunire i tuoni pieni, o carichi si usa il campeggio, il quale s'introduce o nel bagno del brasile, se si ama imbrunir di molto, o in quel d'oricello, se si vuole imbrunir meno.

I chiari di tal colore possono formarsi col solo brasile, mutandoli in seguito coll' acqua chiara, in cui si mette del bagno di ceneri clavellate; ma perchè siffatto metodo porta seco l'inconveniente d' indurire un poco la seta, è molto meglio dar loro un picciol bagno di oricello dopo il brasile. Se il colore si ritrovasse un po' troppo violetto, s'ingiallirebbe coll'acqua, dove vi fosse posto pochissimo aceto, o sugo di limone. Il falso *giroflè* si forma col bagno di oricello senza prima darvi la tintura di brasile come pei colori porpora; quindi non occorre alluminarlo, ma se non compariscono abbastanza violetti, si dà loro un po' di bagno di ceneri clavellate nell'acqua. I chiari fannosi nel modo stesso, facendo uso di bagni men forti.

Sì il porpora fino come il giroflè non si
ado-

adoperano per le sete crude. Per far poi queste tinte false, si pigliano sete bianche, come pe' colori ordinarj; e dopo averle tenute in molle, si trattano come le sete cotte.

Del color marrone, cannella, e feccia di vino.

I colori cannella e marrone si fanno con campeggio, brasile, e scotano. Per fare il cannella si cuocono le sete nel modo consueto, si alluminano, e fassi un bagno col decotto de' tre indicati legni, ma bolliti separatamente. Il fondo di esso bagno ha da essere la decozione di scotano; poi si aggiunge quasi $\frac{1}{4}$ di sugo di brasile, e all'incirca $\frac{1}{8}$ di sugo di campeggio. Il bagno dev'esser ridotto a un temperato calore; si passan le sete in tal bagno, e quando abbian pigliato il colore, ma con ugualità, si spremono colle mani, si rimettono sui bastoni, e si riforma un secondo bagno, in cui si dispongono tutte le dosi de' tre ingredienti secondo l'effetto che han prodotto sul principio, onde avere appunto il tuono che si richiede. È facile a vedersi che lo scotano dà il giallo, il brasile il rosso, e il campeggio il bruno, i quali riuniti insieme formano il colore.

I marroni fannosi precisamente nel modo istesso, salvo che questi sono molto più bruni, più carichi, e meno rossi; quindi si fa signoreggiar il campeggio sul brasile, serbando sempre la dose medesima dello

sco-

scotano, che dee fare il fondo sì dell'uno
che dell'altro di tali colori. Si avverta
che il colore detto *sugo di prugna*, e feccia di vino si fan pure nel modo stesso, e
con i medesimi ingredienti, mutando solamente la dose, vale a dire, scemando la
quantità dello scotano, e crescendo quella
del brasile e del campeggio secondo il bisogno.

Osservazioni.

Non si deve fare la decozione di scotano se non quando si abbia l'occasione di
servirsene, altrimenti in poco tempo si
guasta, diventa limacciosa, il colore oscu-
rasi divenendo olivastro, e non produce più
gli attesi effetti; se per altro succedesse
che vi fosse un antico decotto di tal legno così alterato, si potrebbe ritornargli
quasi tutta la sua qualità riscaldandolo, e
in tal caso potrebbesi usarlo ne' tuoni di
colore di cui parlammo.

Molti tintori han l'uso di lavar le loro
sete alluminate in acqua corrente prima di
porle nel bagno, e di far i colori in un
solo bagno; ma il nostro pare che sia da
preferirsi, poichè il primo bagno forma
una lavatura sufficiente d'allume; e conservando le sete in tal modo più allume,
pigliano meglio la quantità di tintura di
cui si ha bisogno. D'altronde, siccome
tutt'i tuoni indicati non si possono formare
che brancolando continuamente, o andando
a tastone, il secondo bagno riesce utilissi-
mo a rettificare i difetti contratti nel primo,

mo, ed a terminár di dáre il pieno al colore, segnatamente del fondo di scotano,
il qual ricerca di non prender allume per
poter salire e ravvivarsi.

Potrebbonsi eziandio formare i cannella
e marrone con altro metodo; vale a dire,
essendo cotte le sete converrebbe far rifon-
dere delle posature di oriana nel medesimo
sapone che ha servito per la cottura, facendolo passare nella caldaia coll'oriana;
e allorquando le posature avessero bollito
per ⅛ di ora circa, bisognerebbe lasciar
riposare il bagno, e ripassar le sete in
questo bagno senz'averle punto lavate. Esse
prenderebbero così un fondo di giallo, poi
bisognerebbe lavarle, batterle in acqua
corrente, e alluminarle secondo il consueto. Ciò eseguito, si darebbe loro il bagno
di scotano, di brasile, e di campeggio pei
cannella, e pei marroni non si porrebbe brasile se non che dopo aver veduto se
il colore non fosse bastantemente rosso;
stante che l'alluminatura fa arrossire notabilmente l'oriana. Se avvenisse che fosse
di soverchio rosso senza neppure avervi
introdotto brasile, si porrebbe nel bagno
un poco di soluzione di vitriol di rame,
che ammaccherebbe il rosso, e gli darebbe
un po' di verdastro, e a un tratto imbru-
nirebbe sufficientemente il colore, specialmente se vi fosse una certa quantità di
campeggio. Inoltre sarebbe opportuno risparmiare il campeggio onde poter dare il
vitriol di cipro, se il marrone riuscisse
troppo rosso a motivo dell'oriana.

Il

Il modo qui additato sarebbe più vantaggioso del primo, per la ragione che l'oriana divenuta rossa coll'allume, riesce più salda del rosso tratto dal brasile. Del resto dar si potrebbe dell'oriana senza sapone, come pe'colori da noi detti *ratines*.

Per fare poi il marrone e gli altri colori bruni, o scuri sulla seta cruda, si possono adoperar sete gialle, quali ce le dà la natura, perciocchè un tal fondo non nuoce punto a tal sorta di tuoni; ma anzi al contrario può servire di fondo. Dopo averle ammollate all'ordinario, si trattano a guisa delle sete cotte, ciascheduna secondo il tuono di colore, che se le voglia dare.

Del grigio nocella, del grigio detto spina, grigio di moro, grigio di ferro, e di altri somiglianti colori.

Tutti questi colori, dal grigio di *moro* in fuori, formansi senz'alluminatura veruna. Dopo aver lavate le sete dal sapone, e averle sgocciolate sul cavicchio, si dà loro un bagno di scotano, di campeggio, di oricello, e di vitriolo di cipro. Lo scotano serve a dare il fondo, l'oricello il rosso, il campeggio fornisce il bruno, e il vitriolo muta il bagno in grigio. Oltre ciò fa le veci di allume (per l'acido vitriolico racchiuso nel vitriolo) onde estrar i colori che ne han bisogno, e per fermarneli. E siccome vi ha una varietà infinita di grigi, i quali non hanno nomi certi e stabili, e che si forman tutti nello stes-

stesso modo, non entreremo a descriverli minutamente, cosa che allungherebbe inutilmente il nostro trattato. Basterà avvertire che per fare il grigio tirante al rossiccio, s'introduce più oricello; che per quelli che tiran più al grigio, si dà maggior dose di campeggio; in fine che per quei che si accostano più al rosso e al verdastro, richiedesi maggior quantità di scotano.

Generalmente parlando, fa mestieri dar con molta economia il campeggio allorchè siamo obbligati ad aggiungerne per compir il colore, perciocchè va soggetto a imbrunir di molto asciugandosi, tutto al contrario di quello che fan gli altri colori. Ora per dar un esempio onde formar tali colori, ci appiglieremo al nocella. Si mette adunque dell'acqua mezzanamente calda, del decotto di scotano, dell'oricello, ed un poco di campeggio. Ciò fatto, si passan le sete in questo bagno, e dopo che l'hanno bastantemente estratto, si levano; e si aggiunge al bagno medesimo della soluzione di vitriol di cipro per ammaccar il colore. Alcuni tintori per ammaccar tutt'i grigi, usan la lavatura di nero in vece di vitriolo. Si passan di bel nuovo le sete, e se si accorga che il colore non riesce uguale quanto si vorrebbe, e vi rimangano de' luoghi rossi, è certo che il colore non è bastantemente ammaccato; quindi conviene dar loro nuovo vitriolo.

Fa mestieri badare, che il vitriolo è la base generale del grigio; e però quando il

co-

colore non sia abbastanza fornito di esso,
va soggetto a mutarsi asciugando, e
riesce ineguale e ondato. Affine di conoscere se un colore sia bastantemente imbrunito, basta osservare se dopo averlo spremuto una volta sul cavicchio resta di nuovo alterato. In tal caso si ha la prova che
non ha bastante vitriolo; ma se la seta
dura un poco di fatica a versar l'umidità,
si può star sicuri che il colore è a sufficienza fornito di vitriolo. Da un altro canto, se si eccedesse nella dose del vitriolo, s' indurirebbe notabilmente la seta,
diverrebbe acre, e perderebbe in parte il
suo lustro; ma come avvedesi dell'inconveniente tostochè si torce sul cavicchio, uscendo dal bagno, vi si mette rimedio, battendola in acqua corrente; il che le toglie
in parte il vitriolo.

Il grigio di *moro* fa un colore a parte,
mercecchè ha bisogno di essere prima alluminato, e inoltre ha mestieri del guado.
Dopo aver alluminato la seta, si rinfresca
nell'acqua corrente, e si forma un bagno
di erba come un primo bagno per dar il
giallo. Tratto che ne abbia il colore, si
getta via parte del bagno, e vi si sostituisce del sugo di campeggio. Vi si ripassa
di bel nuovo la seta, e quando abbia
estratto il colore dal campeggio, vi si pone del vitriolo di cipro in quantità bastante per fare che il colore tiri al nero; e
giunta che sia la seta al tuono che si richiede, si lava, si torce, e si fa tutto il
resto nel modo consueto. Pel grigio di
fer-

ferro, si cuoce la seta come se dovesse esser tinta in blu (perciocchè posto sopra un fondo bianco, esso risalta e apparisce più vago); ed essendo più in uso per far calzette di quello che per altre stoffe, esso si fa ordinariamente in varj tuoni, vale a dire, che nel tempo stesso se ne fanno atti di colore differenti fra di loro. Essendo poi le sete state lavate e preparate al solito, si fa loro un bagno di acqua corrente, o se anche si volesse, di acqua di pozzo, e sì l'uno che l'altro freddo.

Se il bagno si fa nel fiume, vi si mette del sugo di campeggio, composto con acqua pure di fiume, in dose bastante per avvivare al tuono più bruno che si ama di avere: vi si ripassan le sete, e allorchè ne abbiano tratto il colore a sufficienza, si torcono. Poscia si getta via una porzione del bagno, si riempie di acqua per ripassarvi sopra il tuono che ha da susseguitare, e così degli altri fino al più chiaro, avendo mente di separarli egualmente, vale a dire, che vi ha da essere un'eguale distanza fra tutti i tuoni. Fatti che sieno tutti col campeggio, si ripiglia il più bruno, si rimette ne' bastoni per ripassarlo di nuovo nel bagno dopo avervi posto il vitriolo: dipoi gli altri più chiari si ripassan nel medesimo bagno, senza riporvi altro vitriolo. Se ciò non ostante avvenisse, che il secondo tuono non fosse imbrunito, vi si aggiungerebbe del vitriolo. Si può avvedersi di tal difetto dopo alcune ripassate, poichè in tal caso il colore

non

non si aggualia bene, come già abbiamo
di sopra avvertito.

Quando si arriva all' ultimo chiaro,
convien badare se il bagno sia troppo carico di vitriolo, il che si discerne dall'apparenza rossiccia che prende il colore:
ora se così fosse, sarebbe mestieri gettar
via una parte del bagno, e aggiungervi
dell'acqua. Quando tali colori han soverchio vitriolo, ricadono nello stesso inconveniente de'precedenti.

Se il bagno si forma con acqua di pozzo, si adopera, per comporlo, un decotto
di campeggio, fatto anch'esso con acqua
della medesima qualità; si mette di questo
sugo di campeggio nel bagno, vi si ripassano in primo luogo i tuoni più bruni,
come di sopra abbiam prescritto. Dopo
che hanno bastantemente estratto la tintura, si ritirano, si ripassano i tuoni che
sieguono, senza gettar via nulla del bagno, perchè ritrovasi molto meglio estratto, e quindi molto più chiaro, e men carico di quello che sia il colore fatto coll'
acqua di fiume. Fatti che sieno tutti i
tuoni, si ammaccano col vitriolo nella
maniera stessa che abbiamo spiegata di
sopra; dopo lavansi battendoli nell'acqua,
se ciò crederassi a proposito.

Per schiarire le grisaglie, o grigi d'ogni
sorte, come ancora il marrone, cannella,
ec. allorquando il tuono si rinviene troppo
pieno e troppo bruno, si pesta del tartaro
in un mortaio, si passa per setaccio, si
pone in una secchia, o mastello, e vi si

Q   get-

getta sopra acqua bollente; appresso si piglia la parte chiara di questa acqua, si mette in una cassa in cui si ripassan le sete, e con tal operazione si schiarisce sollecitamente la tinta. Se mai il colore non si aguaglia molto speditamente, segno è che non vi ha sufficiente quantità di tartaro; quindi bisogna levar via le sete, e rimettere di bel nuovo codesti ingredienti col medesimo metodo da noi testè accennato.

Allorchè le sete sieno sgravate dal superfluo del loro colore, debbono esser battute in acqua corrente, e ripassate nella sola acqua calda senza giunta di sorte veruna. Tal operazione fa ripigliar ad esse una parte del tuono che perduto aveano col tartaro; e per discernere se il colore va a dovere, si dà loro una stretta nel cavicchio. E siccome avviene quasi sempre che il tartaro abbia corroso, o mangiato qualcheduna delle porzioni del colore, conviene rifare un nuovo bagno per rimettere ciò che ne può mancare, e rimbrunire poi col verde rame secondo il solito.

Quando il colore abbia provato l'alluminatura, si può schivare di ripassar la seta nell'acqua calda dopo essere stata battuta: rimettesi nell' allume all'istante, e se le dà quello ch'è necessario per ristabilirlo. Per altro il riscaldar la seta riesce vantaggioso per togliere l'acrimonia comunicata dal tartaro alla medesima seta. Potrebbesi anche in luogo del tartaro usar il sugo di limone, che certo produrrebbe lo stesso effetto.

Per

Per scaricar i grigi di ferro, allorquando sieno troppo carichi, fa mestieri metterli al vapore dello zolfo, poscia spogliarli dello zolfo, battendoli una, o due volte nell'acqua corrente, e rifarli in un bagno somigliante al primo. Siffatta maniera di schiarire i grigi di ferro è da anteporsi a quella del tartaro, o del sugo di limone, mercecchè tali ingredienti danno loro un fondo che non si perde mai affatto, neppure colla prova del sapone, e quindi guasta il colore; laddove lo zolfo imbianca quasi del tutto la seta, corrodendo interamente il campeggio. Del resto, per formare i grigi sulla seta cruda, si pigliano sete candide come pei colori ordinarj, salvo che pel grigio di *maure*, per cui si può servirsi di seta gialla, e dopo aver ammollate le sete crude, si maneggiano per tutti codesti tuoni alla guisa delle cotte.

Del nero.

Il nero è un colore difficile a darsi alla seta, e vi ha motivo di credere, che dopo molti sperimenti e indagini si abbia ottenuto di formar buone tinte nere, se si voglia congetturar dalla moltitudine d'ingredienti che si fanno entrar nella composizione di siffatto colore. Ciò non ostante sarà sempre vero in genere, che ogni tintura nera in sostanza sarà composta da quegli stessi ingredienti, con cui si forma il comune inchiostro, vale a dire da ferro sciolto col mezzo degli acidi, e poi preci-

pi-

pitato da materie astringenti vegetabili. Varie manifatture hanno anche varj modi di far il nero, ma tutte tornano quasi le stesse, quanto al fondo. Noi daremo, per formare siffatto colore, una manipolazione usitata in parecchie buone fabbriche, ed a noi ben riuscita, quantunque paia ch'entrino nella ricetta molti ingredienti superflui.

Fa d'uopo pigliar 20 bottiglie, o pinte d'ottimo aceto, metterlo in un mastello, e versarvi a freddo una ℔ di galla nera pista, e passata per setaccio con 5 ℔ di limatura di ferro ben netta, e senza ruggine. Nel frattempo che si fa l'infusione, si rimonda la caldaia, in cui si ha da porre l'apparecchio pel nero, e si pestan le qui appresso droghe, cioè 8 ℔ di galla nera, 8 di cumino, 4 di sommacco, 12 di scorza di melogranato, 4 di coloquintida, 3 di agarico (1)., 2 di coccole di levante (2), 10 di *rhamnus catharticus*, o picciole prugne nere, e finalmente 5 di semi di *psillium*, o di semi di lino.

Si

---

(1) L' *agaricus* è una sorte di fungo che fa sull' albero larice. La specie di cui qui principalmente si tratta, è l'agarico della quercia, *sive fungus ignarius*. La parte spugnosa che sta nel mezzo, piglia fuoco molto facilmente. Tal materia macerata in una lisciva ordinaria, poscia battuta e asciugata, è l' esca di cui siamo soliti a servirci. Adoprasi in luogo di galla per le tinture nere.

(2) Le coccole di levante, o *cocci orientales*, sono bacche sferiche, grosse come piselli grandi, e di un bruno tirante al nero. Ci vengono dall'Egitto e dal Malabar. Esse sono il frutto di un arbusto chiamato da Rumph, o Rumfio botanico, *tuba baccifera*.

Si adopera, per far bollire tutte codeste droghe, una caldaia contenente la metà di quella in cui si ha da fare l'apparecchio del nero, e riempiesi di acqua; poi vi si gettan dentro 20 ℔ di campeggio tagliuzzato, riposto in sacco di tela, onde ritirar si possa agevolmente, perchè conviene farlo bollir una seconda volta, come pure le altre droghe. Il campeggio bollito che abbia per un'ora, si leverà dal fuoco, e si terrà netto in riserbo. Ciò fatto, si getteranno nel decotto di campeggio tutte le droghe surriferite, e si faran bollire per una buona ora, ponendo mente di calmare il ribollimento con acqua fredda, quando il bagno minaccia di traboccare dal vaso.

Finita che s'abbia tal operazione, si cola il bagno a traverso d'una tela in una cassa, affinchè non passino de' grossi pezzi; si lascia riposare, avendo soltanto cura di conservar la posatura di tutte le indicate droghe per farle ribollire un'altra volta.

Si mette nella caldaia, destinata all'apparecchio del nero, l'aceto carico di galla e di limatura di ferro, e vi s'infonde il bagno, in cui han bollito tutte le droghe già accennate; poscia vi si fa un poco di fuoco, e tosto si gettan gl'ingredienti qui appresso, vale a dire 20 ℔ di gomma arabica pista e schiacciata, 3 ℔ di realgal, o concrezione di arsenico, 1 ℔ di sal ammoniaco, 1 di sal gemma, 1 di cristallo minerale, 1 di arsenico bianco pisto, 1 di sublimato corrosivo, 20 di vitriolo di cipro; 2 ℔ di schiuma di zucchero candito,

10 ℔ di cassonada, 4 ℔ di litargirio d'oro
pisto, 5 di antimonio pisto, 2 di plumba-
go, 2 di orpimento, ambidue pisti. Fa mestieri che tutte le droghe piste sieno passate
per setaccio, salvo la gomma arabica (1),
la quale ha da essere soltanto rotta in pezzi.

Allorquando gl'ingredienti di cui ragio-
nammo, sono nell'apparecchio del nero,
bisogna dar un calore sufficiente, onde far
fondere la gomma arabica ed i sali; ma
non conviene giammai lasciar bollire il
bagno. Ridotto che sia caldo a sufficienza,
si leva via il fuoco, e si sparge della limatura di ferro ben netta, in quantità ragionevole da ricoprire il bagno.

L'indomani si rimette il fuoco sotto la caldaia, e si fan bollir le droghe: si torna a
far bollire anche il campeggio di cui già
si è fatto uso, poi si leva via, e si pongono in questa seconda decozione le qui
appresso droghe, cioè 2 ℔ di galla nera
pista, 4 ℔ di sommacco, 4 di comino, 5 di
rhamnus catharticus, 6 di scorza di melogranato piste, 1 ℔ di coloquintida pista, 2
℔ di agarico pisto, 2 ℔ di coccole di levante
piste, 5 ℔ di *psillium*, o di seme di lino.
Si

---

(1) La gomma arabica è un sevo viscido, proveniente da un arbore di Egitto e di Arabia, detto
acacia vera, o gaggìa. Il realgal si è una sorte di
arsenico. Il sal gemma è un sal marino fossile. Il
cristallo minerale è un salnitro, da cui si è tolto
una parte del volatile col mezzo dello zolfo e del
fuoco. Il sublimato corrosivo è un sal mercuriale
ec. Il litargirio è il piombo ridotto in istato d'imperfetta vetrificazione.

Si fan bollire tutte codeste droghe, si cola il bagno, si versa nell' apparecchio del nero, come di sopra abbiam detto, e si conserva la posatura; si mette un po' di fuoco sotto la caldaia come la prima volta, e tosto si pongono le seguenti droghe, vale a dire, 8 once di litargirio d'oro pisto, 8 once di antimonio pisto, 8 di piombo, o piombaggine pista, 8 di arsenico pisto, 8 di cristallo minerale, 8 di sal gemma, 8 di fien greco, 8 di sublimato corrosivo, 6 ℔ di vitriol di cipro, 20 ℔ di gomma arabica. Quando il bagno sia ridotto sufficientemente caldo, si leva il fuoco, si ricuopre il bagno come la prima volta con limatura di ferro, e si lascia riposar per 2, o 3 giorni.

Passato questo tempo, si pestan 2 ℔ di verde rame, si stemperano in 6 bottiglie di aceto in vaso di terra, e vi si aggiunge un'oncia di cremor di tartaro: si fa bollire ogni cosa per un'ora, ponendo mente di calmare il ribollimento con aceto freddo quando sia per traboccare, e tal preparazione si conserva per versarla nel negro allorchè si voglia tingere.

Ora per tingere in nero, si dà l'ordinaria cottura alle sete, e dopo averle lavate e battute secondo il consueto, si dà loro la galla, la qual cosa si fa due volte pei neri pesanti, e una sola volta pei neri leggeri, avvertendo che i due accennati neri non differiscono l'uno dall'altro per la bellezza, nè pel tuono, ma pel peso che piglia la seta. Ciò non ostante il leggero ha più lustro. Il bagno di galla fassi nel

Q 4

se-

seguente modo : Prendonsi per ogni ℔ di
seta, cioè per ogni 16 once, 12 once di
galla leggera (1). Fa mestieri unire alle
12 once di galla leggera, oppure di gallone,
altre 4 once di galla nera buona, detta di
Aleppo. Si pesta tutta questa galla, e poi
si fa bollire per 2 ore, e anche più, in
una quantità di acqua necessaria, onde fare un bagno grande, talchè basti alle sete
da ingallarsi. Siccome il bagno scema di
molto bollendo, si torna a riempierlo in
capo ad un'ora; dopo le 2 ore si leva il
fuoco dalla caldaia, lasciasi riposar il bagno, affinchè si possa levare la galla col
mezzo di una mestola forata, e un'ora
dopo si possano porre le sete preparate nel
qui appresso modo.

Mentre bolle la galla, si sgocciolano le
sete sul cavicchio, si pongono nella corda
come si fa per cuocerle; allora si tuffano
nel bagno di galla mettendo le une sopra
le altre, badando che non sovrastino alla
superficie dell'acqua, ma che sieno affatto
ricoperte: si lascian così per 12, o 15
ore, e in capo a tal tempo si levano e si
lavano in acqua corrente; e se si destinano

pel

---

(1) La galla leggera così chiamasi perchè in fatti è più leggera di quella che comunemente si usa,
più rotonda, più grossa e meno spinosa. Oltre alla
galla, vi ha il *gallone* che differisce dall'ordinaria
galla in quanto che non ha forma determinata ;
riesce regolarmente più lungo e più angoloso, ha il
medesimo colore circa; ma un po' più bruno della
galla leggera, e ci viene il più delle volte grossamente infranto, o rotto.

pel nero pesante, s'ingallano un'altra volta con bagno di galla somigliante al primo. Per altro si usano ordinariamente codesti fondi di galla per formare il primo bagno, e pel secondo si usano nuove droghe.

Alcuni tintori hanno il costume di non dar la galla, che una sola volta al nero pesante, facendo bollire i vecchi fondi; dopo di che mettono nuova galla a bollire nello stesso bagno, aggiungendo per ogni ℔ di seta una ℔ di galla leggera o di gallone, e mezza ℔ di galla nera fina. Essi fan bollire questa galla nuova per 2 ore, e più, e dopo aver colla mestola levato i fondi, vi pongono le sete, e ve le lasciano un giorno e una notte. Essi pretendono che tal maniera sia da prescegliersi, perchè lasciando la posatura, o fondo della galla nel bagno, essa riassorbe una parte della sostanza comunicata all'acqua. Allorchè le sete sono ingallate, si pone del fuoco all'apparecchio del nero; e mentre esso si riscalda, si spremon le sete tratte dalla galla, e si battono per una volta nell'acqua corrente. Lavate che sieno, si sgocciolano sul cavicchio, e si passa un filo per ogni matassa, la quale deve esser della medesima grossezza di quelle matasse che si fan pei colori ordinarj. Ciò fatto, si passano pe' bastoni.

A grado a grado che il nero riscaldasi, si ha cura di mescolare con una rasta di ferro, o raschio, affine d'impedire che i fondi non si attacchino alla caldaia, e dopo alcune raschiature vi si pone della gom-

gomma, finchè si vegga ch'essa salga sul bagno a guisa di una crosta che ne lo ricuopra (la gomma arabica sarà da 5, o 6 ℔ ben pista), poscia si getteranno eziandio due o tre manate di *psillium*. Ciò eseguito, si porrà nel bagno la metà della preparazione di aceto e di verde rame, con quattro, o cinque ℔ di vitriol di cipro, la qual cosa farassi ogni volta che si riscalderà il nero per tingere.

Convien badare di raschiare mentre v'è il fuoco sotto la caldaia; e per vedere se il nero sia caldo abbastanza, si rivolta il raschio al rovescio, e si appoggia al fondo della caldaia. Se la gomma appiccasi intorno al bastone, e il bagno non si vegga nel mezzo della schiuma della gomma, è segno che si ritrova sufficientemente caldo, e quindi si leva il fuoco per la ragione già da noi riferita, che l'apparecchio del nero non deve giammai bollire. Si leva pure il raschio, cuopresi il bagno di limatura di ferro come già si è fatto per l'innanzi; poscia si lascia riposare un'ora all'incirca, ed a capo di tal tempo si diguazza la superficie del bagno con un bastone, onde discenda e si precipiti la limatura.

Prima che si venga a spiegar il modo di ripassar le sete nel bagno di nero, cade in acconcio il dire, che tal colore non si fa, o i tintori non tengono nero, se non quando abbian quantità di seta da far tre ripassate, se si tratta di nero pesante; o due, se trattasi di leggero, ed ecco il modo con cui si eseguisce.

Al-

Allorchè si fa nero pesante, si mette ne' bastoni il terzo della seta da tingersi, e si rivolge per tre volte nell'apparecchio di nero; quindi si torcono le sete al cavicchio sopra la caldaia, dando loro tre torciture. Si possono anche torcer tre matasse a un tratto, non trattandosi che di una torcitura debole, e fatta solamente per sgocciolare; si rimettono poi ne' bastoni, e si pongono sopra due pertiche, affinchè prendano dell'aria. Nel mentre che le prime sete piglian aria, si ripassa nella caldaia il secondo e terzo nella guisa stessa del primo, e così si fa dell'altro terzo, seguendo sempre la stessa maniera; avvertendo ch'essendo le sete sulle pertiche, si debbono rivoltare di tratto in tratto, affinchè piglino dell'aria.

Tostochè si abbia l'ultimo terzo, si rimette di nuovo il primo, e successivamente i due altri fino a tre volte, facendo loro pigliar aria ogni volta. Rispetto poi al nero leggero, si danno pure le medesime tre torciture.

Dopo aver dato le tre torciture, si riscalda di bel nuovo l'apparecchio del nero, aggiungendovi vitriol di cipro e gomma, come abbiam prescritto. Si fa questa operazione tre volte pe' neri pesanti, e due pe' leggeri.

Convien avvertire che ogni volta in cui si riscalda l'apparecchio, fa d'uopo mutar l'ordine delle ripassate, talchè ciascuna sia posta a vicenda la prima nel bagno, poscia la seconda, e poi la terza, affinchè provino

no

no tutte e tre la stessa forza, o grado di tinta. Nel caso in cui si avessero tre *ripassate* di nero leggero, da farsi, bisognerebbe osservare di far sempre passare una in secondo, e le due altre alternativamente in primo ed ultimo. Finalmente resta a sapersi che quando il nero sia molto bruno e di gagliarda tinta, puossi fare il nero pesante in due riscaldate sole, e puossi risparmiar una torcitura pel nero leggero.

Terminata che sia la tintura, si versa dell' acqua fredda in una cassa, si rivolgono tutte una dopo l'altra, e l'acqua in cui furono lavate si chiama *disbrodure de noir*. Dopo di ciò si levano onde lavarle in acqua corrente, in cui si battono per tre volte. Lavate che sieno, si mettono sulle corde senza rivoltarle molto.

Raddolcimento del nero.

Uscendo la seta dalla tintura nera, riesce molto aspra, nè è da maravigliarsi, stante la quantità degl' ingredienti acidi e anche corrosivi ch'entrano nella tintura. Siamo adunque obbligati a raddolcirla, il che si ottiene così.

Si fan sciogliere da 4, o 5 ℔ circa di sapone in due secchie di acqua bollente, e mentre bolle il sapone, e sciogliesi nell' acqua, vi si getta un pugno di anici, o di qualche altra pianta aromatica, e vi si lascia bollire finattantochè sia sciolto affatto il sapone. Si avrà cura nel frattempo di riempiere di acqua fredda una cassa sufficien-

cien-

ciente, capace da potervi ripassar le sete
tutte in una volta. Vi si versa la saponata a traverso di una tela, si rimescola bene ogni cosa, vi si pongono le sete, e vi
si lasciano per un buon $\frac{1}{4}$ d'ora. Ciò fatto,
si levan via, si spremono per porle poi ad
asciugare nel modo consueto. Badisi che la
quantità del sapone non può nuocere, onde meglio sarà abbondare, che usar economia. Tal raddolcimento diviene necessario
a togliere alle sete nere uno *stridere*, ed
un' asprezza che pregiudicherebbe alla ma-
nifattura.

Nero sulla seta cruda.

Per tingere la seta cruda, se le dà la
galla a freddo in un bagno di galla nuova,
servito pel nero della seta cotta. Pigliansi
per questo colore le sete col loro giallo
nativo, poichè le bianche non si tingono
così bene.

Dopo aver ridotto le sete in matasse di
ordinaria grossezza, si tuffan colle mani
nel bagno di galla surriferito; e ammolli-
te si rivolgono un poco, e si mettono sulle corde a otto, o dieci matasse, e dopo
di ciò si metton nel bagno di galla le
corde fornite di matasse, le une sopra le
altre, lasciando anche andare le corde stesse nel bagno: lasciansi per 6, o 7 giorni
in questo bagno di galla freddo, poscia si
levano e si battono per una volta in acqua
corrente. Per altro il tempo di lasciarle nel
bagno, dipende dalla forza del bagno

stes-

stesso, e dalla quantità di seta che vi si pone ; ma per quanto esso sia gagliardo, e per quanto poca sia la seta, non si può lasciarvela meno di 2, o tre giornate.

Allorquando le sete sieno lavate, si rimettono sulle corde, si lasciano sgocciolare, e poscia si pongono, le une sopra le altre colle corde, nella lavatura del nero di cui si è ragionato: essa basta per tingerle, ma secondo la forza di essa lavatura, convien lasciarvele più o meno di tempo, il che regolarmente si riduce a 3, o 4 giorni. Mentre che le sete stanno nella lavatura, bisogna sollevarle con i bastoni, 3, o 4 volte al giorno perchè possan sgocciolare, e sgocciolate si pongono a terra in sito netto, e si distendono affinchè piglino aria senza asciugarsi; la qual cosa è assolutamente necessaria per far comparire il nero, poichè se così non si facesse, non piglierebbero che un grigio *de maure*. Ma questo grigio annerisce all'aria, e da ciò si può prender norma del grado di tintura acquistato dalla seta, e di quello che tuttavia ha da acquistare. Se si lasciassero asciugar le sete, converrebbe metterle in molle prima di riporle nel bagno, il che sarebbe un'operazione di più; quindi si continua a levarle e a ventilarle successivamente, finchè esse sieno bastantemente nere.

Giunte che sieno a tale stato, si lavano in acqua corrente, si battono una, o due volte, e dopo si lasciano sgocciolare nelle corde; finalmente si pongono ad asciugar

sul-

sulle pertiche senza spremerle, perchè se si torcessero, diverrebbero troppo molli. E in fatti, essendo queste destinate a formar veli, o merletti neri, e somiglianti cose, in cui vi ha da esser della fermezza, fa mestieri conservar tutta quella che la seta cruda può naturalmente avere. Se mai far si volesse il nero sul crudo con più sollecitudine, bisognerebbe, dopo aver levato le sete dalla galla, metterle nei bastoni, farle passar tre volte nell'apparecchio del nero, ma freddo; poi levarle, porle a sgocciolar sopra un vaso, o cassa contenente la tinta nera, farle ventilare sopra due pertiche che sostenessero l'estremità de' bastoni, e fra le quali le sete fossero sospese.

Sgocciolate che sieno, si ripassan due volte ancora sull'apparecchio del nero freddo, facendole ogni volta sgocciolare e ventilare come la prima; e quando sieno sgocciolate, si lavano e si trattano come quelle tinte nella lavatura. Ordinariamente non si fa tingere la seta cruda in questo modo, perchè consuma troppo presto l'apparecchio del nero, stante l'avidità con cui la cruda piglia in generale ogni sorta di colore; oltre ciò bastando una buona lavatura per tingerla.

Aggiunta pel nero.

La tinta nera s'indebolisce e consumasi a misura che vi si tinge della seta; quindi siamo obbligati a mantenerla e rafforzarla

di

di tratto in tratto, aggiungendo ingredienti opportuni.

Per formar adunque la giunta, si pongono 4, o 5 secchie di acqua in una caldaia, e 4 ℔ di campeggio tagliuzzato, che si fa bollire come abbiam detto ;
poi si ritrae il legno, e se si avesse del
decotto di campeggio già fatto, si potrebbe
servirsene. Inoltre si mettono 4 ℔ di *rhamnus
catharticus* o di picciole prugne nere, 2 ℔
di scorza di melogranato, 2 di coloquintida, 2 di sommacco, 2 di coccole di levante,
2 di linosa, o seme di lino, o di *psillium*,
e 4 di comino.

Si fan bollire tutte queste droghe per ¾
d'ora, e mentre bollono si mette fuoco
sotto all'apparecchio del nero: se ne fa
riscaldar un po' più della metà, e quando
sia caldo (1), vi si pongono 2 ℔ di realgal, 4
di

(1) Leggendo tali ricette, non si può trattenersi
dal fare delle riflessioni critiche. Il celebre autore
credea, che alcuni de' nominati ingredienti fossero
superflui, ma ad un chimico toccava dimostrarlo; il
che fece il signor de Justi. A che serve per esempio
l'antimonio? Esso si troverà non disciolto, e se anche lo fosse, non si scorge cosa potesse far di bene
nella tintura. La soluzione di esso è di un giallo
solfureo, è anche rossiccia, o verdastra secondo l'indole dello sciogliente, ma non mai negra.
Quanto al litargirio, la differenza che l'inventor
della ricetta fa tra quello d'oro, e quello d'argento,
dà a conoscere che non era chimico. D'altronde il
litargirio non può far nero. Gl'ingredienti poi non
lo scioglieranno, e quand'anche venisse sciolto, non
ne verrebbe color nero. Il piombo non dà che color
giallo.
L'ammoniaco, droga sì cara, non serve a nulla.
La

di antimonio, 1 di litargirio di oro, 1 di litargirio d'argento, 1 di sal ammoniaco, 1 di sal gemma, 1 di cristallo minerale, 1 di arsenico bianco, 1 di sublimato, 1 di orpimento, 4 di cassonade, 1 di fieno greco, 4 di vitriol di rame.

Allorquando tutte queste droghe saran piste, gettansi nell'apparecchio del nero, badando a diguazzarle, e quando la giunta abbia bastantemente bollito, s'infonde in una cassa, o vaso, si lascia riposar per separarne la posatura, e si rimette il chiaro nell'apparecchio del nero. Si fan di nuovo ribollire queste medesime posature per un'altra occasione. Essendo la giunta nella tinta, e bastantemente calda, si leva via il fuoco, si ricopre il bagno di limatura, e si lascia riposar per due giorni.

Quando l'apparecchio del nero ha ricevuto un certo numero di giunte, e si è raccolta nel fondo molta quantità di posatura, si leva via una porzione del sedimento, affinchè il bagno rimanga più libero.

Dan-

La droga poi che diventa ridicola, è il cristallo di monte, giacchè non se ne scioglie neppure un atomo, e senza sciogliersi, a che mai potrebbe servire? Il sublimato corrosivo non può esser di alcun uso rapporto al mercurio, e di poca utilità rispetto alle parti saline ed acide, che si possono ottenere con molto minore spesa aumentando la dose del vitriolo e del sal gemma. Dicasi dell'orpimento ciò che abbiam detto dell'antimonio, e per la medesima ragione. I tintori adunque che tralasceran di usare delle già indicate droghe, accrescendo la dose del vitriolo e del sal gemma, non si pentiranno di aver letto questa nota del signor Bertrand.

R

Dannosi le giunte al nero a misura che ne han bisogno, ma conservasi sempre lo stesso fondo di tintura, vale a dire, che non si rinnova giammai interamente l'apparecchio del nero; e quando un tintore ne ha fabbricato nel suo elaboratorio, lo conserva per tutta la sua vita. Ciò dipende per non essere la tinta soggetta a putrefazione; anzi il vitriolo verde e la galla ch'entrano in gran quantità nel nero, sono sì l'uno che l'altra da annoverarsi fra gli antiputridi i più possenti. Le osservazioni che provano tale assunto, mi furono comunicate da un chimico molto dotto, il quale ha fatto sopra questa materia molti sperimenti decisivi.

Osservazioni sul nero.

Già abbiamo avvertito, che fra il gran numero di droghe usate per formar questo colore, ve ne sono molte di superflue; potrà ognuno convincersene confrontando la fabbrica del nero di Genova, che fra poco descriveremo. Quello che più importa osservare sulla tintura nera, si è che generalmente parlando altera e snerva di molto le stoffe, talchè le tinte in nero bastan molto meno *ceteris paribus* di quelle tinte in altri colori; e ciò principalmente proviene dall'acido vitriolico, che non è perfettamente saturato dal ferro; e quindi intacca il panno. E siccome il ferro unito a ogni altro acido, ed anche agli acidi vegetabili, è capace d'ingenerar del nero

me-

mediante gli astringenti vegetabili, abbiam ragione di credere che sostituendo in luogo del vitriolo qualche altra combinazione di esso ferro, potrebbesi riparar siffatto inconveniente. Vi sarebbono adunque de' buoni ed utili tentativi da intraprendersi, massimamente colla scorta della vera Chimica.

Si è dovuto riflettere nella manipolazione da noi descritta pel nero, che si deve usar gran cura nel far passare le sete nella tinta nera a differenti riprese, e di ventilarle per un dato tempo, nè ciò fu fatto senza ragione, perciocchè contribuisce assai alla leggiadria del nero, essendovi la differenza fra questa e le altre tinture, che le altre perdono di molto asciugandosi della loro intensità, laddove il nero nè acquista. Ognuno dee sapere che il buon inchiostro da scrivere non apparisce mai tanto nero quando si adopera, e quando è fresco, quanto al momento che sia secco, anzi annerisce sempre più durante un certo tempo. Lo stesso per l'appunto avviene nella tintura negra: la seta non è in qualche modo che grigia nerastra immediatamente dopo la prima passata, nè acquista il bel nero se non che dopo essere stata esposta all'aria. Non è questo il solo esempio della influenza dell'aria sui colori provenienti dalla tintura; sapendosi che il tino dell'indaco è verde quando sia atto a tingere come abbiamo veduto del blu; la seta pure n'esce verde, e colla sola esposizione all'aria il verde si cambia assai presto in blu.

R 2   *Pro-*

Processi(1)o manipolazioni particolari, trat-
ti dal deposito del Consiglio, e comuni-
cati dal signor Hellot.

Seta chermisì di Damasco e del Diarbequir. Allorquando i tintori della città di
Damasco tingono le sete in cremisì sì bello, e tanto riputato in tutto l'Oriente, pigliano dieci *rotte* (ogni *rotta* pesa ℔ 5) di
seta in matasse, la lavano bene in acqua
calda, poi la lascian in molle in altra acqua
calda per mezz'ora. Ciò fatto ne spremono l'acqua. Allora la immergono per una
sola volta in una lisciva ben calda, fatta in
sufficiente quantità di acqua, in cui han
fatto sciogliere 2 ℔ e mezza di Kali per
ogni 5 ℔ di seta che si lascia sgocciolare
dopo averla sospesa ne' bastoni, badando
di non lasciar la seta in quella lisciva se
non che il tempo necessario, onde possa
bene inzupparsi; altrimenti i sali del kali
corroderebbero la seta.

Nel tempo che la seta imbevuta della
lisciva si sgocciola, preparano un altro liquore a freddo con 10 once di carne di
popone giallo ben maturo, che diluiscono
diligentemente in bastante quantità di acqua, dove vi lascian in molle per 24 ore
le 10 *rotte* di seta. Si aumenta, o si scema la dose delle droghe surriferite in ra-
gio-

_____

(1) Nessuno de' processi qui inseriti erano stati
pubblicati colle stampe: erano manoscritti presso il
signor Hellot, e il pubblico non li conosceva.

gione della quantità di seta da tingersi. Rimasta che sia la seta per un giorno nel liquor di popone, o melone, lavasi parecchie volte in acqua fresca, finchè sia ben netta, poi si sospende per farla sgocciolare.

Nel frattempo l'artista riempie una gran caldaia di acqua, in cui vi getta 2 ℔ e mezza di allume in polvere per ogni 5 ℔ di seta. Pone essa caldaia in un fornello ben acceso, e lascia bollir il liquore per 20 minuti, e dopo leva via tutto il fuoco, o l'ammorza; immerge la seta nella soluzione di allume mezzanamente calda, e la leva via tostochè n'è inzuppata: la ripone in altra caldaia, dove versa la soluzione di allume per lasciarvela dentro per 4 o 5 ore continue, e niente più; poscia la toglie di là per lavarla in acqua fresca.

Mentre lavasi, un operaio fa bollire, in una caldaia grande, bastevole quantità di acqua, dove ci si mette un'oncia di *baisonge* (vale a dire un fungo) ridotto in polvere finissima per ogni 5 ℔ di seta; si fa bollire per mezz'ora, e poi si aggiungono 10 once d'*oudez* o cocciniglia, in polvere pure finissima, per ogni 5 ℔ di seta. Aggiunta la *oudez* o cocciniglia, al liquore, si spegne il fuoco nel fornello, si diguazza poi, ma pian piano, il liquore all' intorno con un bastone, onde le droghe si mescolino bene assieme. Fattosi bene il miscuglio, si versa a piano un po' di acqua nel mezzo della caldaia: codesta acqua aggiunta non solo infreddà la tintura, ma

R 3

la

la riduce molto più vivace ; allora vi si tuffa 4, o 5 volte la seta, ponendo mente di torcerla ogni volta che siasi immersa onde spremere il liquore. Dipoi si fa ribollire questa tintura per un quarto di ora : si leva il fuoco dal fornello come fu fatto per lo innanzi, onde s'infreddi un poco ; vi si tuffa la seta, cercando di torcerla ogni volta che siasi immersa. Dopo codesta seconda tintura si mette la seta in una caldaia vota, e vi si versa sopra il restante della tintura : vi si lascia ammollare per 24 ore, si lava in seguito in acqua fresca, e si lascia asciugar all'ombra ; e quando sia ben rasciutta, si adopera per formar le stoffe. Questo colore cremisi è di gran lunga più vago di tutti i cremisì fatti in Francia, o in Italia, per la ragione che non si fa bollire la seta nel bagno di tintura.

I tintori di Damasco e del Diarbequir pretendono che non si possa riuscire a far siffatta tintura senza il soccorso del popone o melone per apparecchio della seta, e senza la giunta del *baisonge* coll'*oudez* o cocciniglia per la tintura. In Francia v'è il popone giallo (pare che abbia ad essere quello di Malta, di carne gialla) ma dubita che vi possa essere il *baisonge*, (una sorte di fungo che cresce, o fa sopra alcuni arbori di Persia, di dove si reca a Damasco). Di esso se ne potrebbe far venire in Francia per la via di Aleppo, se si avesse voglia d'imitare tal calore sì superbo.

Ora

Ora per non ingannarsi sulla dose di varj ingredienti adoperati in tal operazione, convièn sapere che la *rotta* di Damasco equivale a 5 ℔ di Francia, e le 10 *rotte* di seta servendo di esempio, debbono anco servir di norma rapporto alla dose di tutti gli altri ingredienti.

Quanto all'acqua necessaria per l'apparecchio della seta col kali, colla carne di popone, e coll'allume per formar la tintura, non se ne prende che quella quantità che occorre per ben umettar la seta, cioè che il liquore non dee sorpassar che un solo dito per traverso allorchè si pone nella caldaia, salvo però il liquore da tingere, che ha da essere in maggior quantità, perciocchè le matasse di seta vi debbono essere tuffate da 10, o 12 volte.

Il kali poi che si adopera nell'apparecchio della seta, altro non è che la cenere di una pianta detta dagli arabi *Kaillou*. Questa cenere viene preferita a quella che si ritrae dalla *Rocchetta*, ed a quella che si fabbrica in Egitto. Quanto agli stromenti sopra i quali si mette la seta, rassomigliano a quelli della città di Lione.

Chermisì di Genova: manipolazione verificatasi nel mese di maggio 1743. In Genova, la seta che si destina pel colore cremisì, ha da essere cotta in una quantità di sapone, minore di quella che si pone per gli altri colori. In fatti da 18 a 20 ℔ di sapone bastano per un centinaio di ℔ di seta da tingersi in cremisì; laddove per gli altri colori i Genovesi ne adoperano 40, o

50 ℔ per ogni 100 di seta. Quando la seta sia cotta, si fa passar per un bagno di allume; e per una parte di seta che pesava 72 ℔, essendo cruda, vi sono state poste da 16 a 18 ℔ di allume di rocca, ridotto in polvere, in una caldaia di acqua fredda. Dopo che l'allume sia disciolto, vi si mette ad ammollare la seta pel corso di 4 ore circa; si potrebbe lasciarla di più senza il menomo danno, poichè quella destinata al cremisì esige più allume degli altri colori. Uscita dal bagno di allume, si scuote e si ordina nel cavicchio senza spremerla. Il tintore interrogato perchè non la torcesse, rispose che torcendola perderebbe troppo dell'allume di cui era inzuppata, e assolutamente necessario per pigliar il chermisì. Fra le 72 ℔ di cui parlammo, ve n'erano 32 d'organsino, o *orsoio*, e 40 da trama. A Genova si danno ordinariamente 2 once di cocciniglia per 12 once di organsino destinato all'ordimento del damasco per parati da stanze, e un'oncia e $\frac{3}{4}$ di cocciniglia per 12 once di trama destinata allo stesso damasco; perciocchè si crede necessario che debba essere più carico il colore dell'organsino, onde il damasco abbia più lustro e vivacità. Quando poi si voglia perfezionar vieppiù il colore, si aggiunge $\frac{1}{4}$ d'oncia di cocciniglia, cioè in vece di 2 once se ne danno 2 once e $\frac{1}{4}$, non aggiugnendo alla trama più di un'oncia e $\frac{3}{4}$. Siccome le 32 ℔ di organsino debbono essere del più bel colore, si diedero 2 once e $\frac{1}{4}$ di cocciniglia per

ogni

ogni ℔ di seta ; talchè sopra tutta la porzione si adoperano 142 once di cocciniglia,
peso di Genova, cioè 32 ℔ di organsino a
2 once e $\frac{1}{4}$ di cocciniglia formano 72 once , e 40 ℔ di trama a un' oncia e $\frac{1}{4}$ fan 70
once, la cui somma è 142 once.

Quando si trattò di dare il chermisì alle 72 ℔ di seta alluminata, si fece uso di
una caldaia ovale che riempita conter
potea 200 bottiglie, o pinte di acqua. Si
riempì fino al terzo di acqua limpida di
fonte ; vi si gettarono poi in codest'acqua
le qui appresso droghe piste e setacciate,
cioè 2 once di tartaro di vino, due once
di cartamo, o *asfor*, e 2 ℔ e mezza di
galle di Levante.

Si aspettò che le droghe avessero bollito
per 2 minuti nel bagno, e poi vi si getta-
ron le 142 once di cocciniglia polverizzata e setacciata ; e mentre un operaio faceva cadere a poco a poco nel bagno la cocciniglia, un altro diguazzava gagliardamente il bagno con un bastone per agevolare
la fusione della cocciniglia.

Ciò avendosi eseguito, si riempì il bagno di acqua chiara a un mezzo piede dall'
orlo, e tosto vi si misero in molle le 32
℔ di organsino, ripartite in 14 bacchette.
Vi si lasciarono sole, finchè il bagno,
a cui si fece gran fuoco, riempiuto che fu
di acqua, fosse pronto a bollire ; ed affinchè la seta pigliasse egualmente il colore,
si sollevavano continuamente le bacchette
le une dietro alle altre, onde far andare
alternativamente al fondo della caldaia la

par-

parte delle matasse che si ritrovava sopra
la caldaia, non essendovi giammai che i $\frac{1}{2}$,
o la metà di ogni matassa che s'immergesse nel bagno, il resto essendo fuori, a
motivo che le bacchette poggiavano sugli
orli della caldaia.

Allorchè il bagno stava per bollire, vi si
misero in molle le 40 ℔ di trama, ripartite in 18 bacchette. Si badò per più di
mezz'ora a sollevar le bacchette le une
dopo le altre, tanto quelle dell'organsino,
come quelle della trama, affine di far alternativamente andare al fondo del bagno
ciò che prima stava fuori, di modo che l'
operaio arrivato all'ultima bacchetta, ritornava alla prima, e successivamente dalle une alle altre. Passata questa prima
mezz'ora, l'operaio ha frapposto circa $\frac{1}{4}$ di
ora d'intervallo in ogni operazione di sollevar le bacchette dalla prima all'ultima,
avendo ciò ripetuto 5 a 6 volte nello spazio di un'ora e mezza. In tutto questo
tempo si è sempre mantenuto gran fuoco
sotto la caldaia. Quindi l'organsino era
stato ammollato due ore e un quarto nel
bagno, e la trama due ore solamente. L'
operaio levò il fuoco dal disotto della
caldaia, prese una matassa della trama che
asciugò e spremette per quanto gli fu possibile affine di vedere se il colore era a
dovere; e siccome non la rinvenne bastantemente carica, egli lasciò sì l'organsino,
che la trama un po' meno di mezz'ora
nel bagno, a misura che si raffreddava.
Poscia ritrasse tutta la seta dal bagno, la
tor-

torse sul cavicchio, e la lavò molte volte nell'acqua chiara di fonte, mutando, l'acqua ad ogni tratto. Ciò fatto, la torse di bel nuovo sul cavicchio, la pose a seccare, e in tal modo finì l'operazione.

Conviene osservare, che l'organsino e la trama, ancorchè tinti nello stesso bagno, non si sono riscontrati al medesimo tuono di colore, essendo il primo più carico, perciocchè era stato un buon quarto d'ora nel bagno di cocciniglia prima della trama, e nel frattempo erasi inzuppato della parte colorante più tenue della cocciniglia. Per altro a Genova non si ha il costume di lavar la seta, dopo essere levata dal bagno, nell'acqua di sapone; anzi si crede che tal lavatura altro non faccia che sbiadire il vivo del colore, e che convenga l'acqua di fonte ben chiara e limpida sì pel bagno di cocciniglia, che per lavar la seta dopo ch'è stata tinta. In fatti si è osservato che le sete tinte nella state in chermisì coll'acqua di cisterna, e lavate colla stessa acqua (a motivo che in tal congiuntura le fontane sogliono essere spoglie di acqua) non han tanto lustro, quanto quelle per cui si è adoperata l'acqua di fonte in altre stagioni più favorevoli. E secondo i tintori genovesi vi han delle cocciniglie, che paiono belle a vedersi, ma non sono poi buone ne' loro effetti, esigendo che la seta sia alluminata quanto mai lo possa essere, e che si ponga nel bagno di cocciniglia una dose di tartaro maggiore di quella da noi riferita. Sopra un tal soggetto non si potreb-

bo-

bono assegnar regole sicure; ma tocca al tintore a conoscere per saggi la qualità della cocciniglia che deve adoperare. Per altro si dee dar la preferenza alla buona, mercecchè quand'anche fosse vero che la inferiore, mediante maggior quantità di tartaro e di allume, desse un colore così bello quanto la migliore, avverrebbe sempre che la seta non sarebbe più tanto perfetta perchè l'allume la snerva e indebolisce; e i fabbricatori genovesi sono tanto persuasi di tal verità, che per non esporsi a tale inconveniente, dan loro stessi la cocciniglia a' loro tintori a misura che danno della seta da tingersi.

La seta da esser tinta in cremisì, ch'ebbe mestieri di moltissima quantità di allume per motivo della cattiva qualità di cocciniglia, stride allorchè si spreme colla mano, laddove quella in cui si è usato meno allume, non fa così.

Violetto chermisì in seta all' uso d' Italia.

Essendo la seta alluminata come pel rosso, levisi dal suo allume, poscia si tinga in cocciniglia. A ciò fare, si fondono 2 once di gomma arabica nella caldaia, aggiungendo per ogni ℔ di seta 2 once di cocciniglia, $\frac{1}{4}$ di oncia di agarico, e $\frac{3}{4}$ di terra merita (1).

cal-

---

(1) Questa radice che dicesi anche *curcuma*, è di due sorti: la lunga, e la rotonda. La prima viena dall'Indie orientali, e la seconda detta da' Portoghesi *raiz de saffraon*, è la rotonda. I tintori osser-

Si mescoli e si versi il tutto nella caldaia. Quando principia a bollire, e la gomma è ben fusa, si assetti la seta sui bastoni, si metta nella caldaia, facciasi bollire per 2 ore, e sarà tinta. Si lasci infreddare, si lavi, si torca sul cavicchio, poi si lavi un' altra volta leggermente. Per averla violetta si tuffi bene sparsa in un tino da blu finchè abbia pigliato un bel violetto. Si lavi in acqua di fontana ben pura e chiara, si sprema, e si faccia asciugar all'ombra, ben distesa e bene sparsa.

Semi-violetto. Per una ℔ di seta, una ℔ e mezza di oricello ben diguazzato nel bagno, facciasi bollir un buon $\frac{1}{4}$ d'ora, facciasi passare, ma presto, la seta, si lasci raffreddare, lavisi in acqua corrente, e avrassi un vago semi-violetto, o *lilas* più o meno carico.

Nero di Genova per velluti. Giugno 1740.

Si fa bollire la seta per 4 ore col quarto del suo peso di sapone bianco di Marsiglia, e si lava assai bene. In una caldaia di 500 pinte di acqua si faccian bollire 7 ℔ di galla: si lasci depor la galla, si levi l'acqua chiara, e si getti via il sedimento, e poi si rimetta l'acqua di galla nella medesima caldaia. Si tuffi quasi per metà

una

---

vano che la seconda tinge men bene in giallo della prima. Per altro la *curcuma* serve a meraviglia per avvivare il colore rosso delle stoffe sì tinte in cocciniglia, come in grana, o Kermes.

una gran scodella a buchi, in cui si metteranno 7 ℔ di gomma del Senegal, 7 ℔
di vitriolo romano, e 7 ℔ della più netta
limatura di ferro. Avendo il bagno disciolto codeste droghe, si lasci spegnere
il fuoco, e fermentar il bagno per 8 giorni. Poscia si riscaldi, e quando sarà vicino a bollire, pongasi di nuovo sospeso il
colatoio, o scodella a fori, e avendo fatto
sei pacchetti composti della sesta parte
della quantità della gomma, del vitriolo,
e della limatura di ferro destinata a questo
bagno di nero secondo la quantità della
seta, in ragione di una ℔ di ciascheduno
di tali ingredienti per 10 ℔ di seta, facciasi, dico, fondere nel colatoio questa stessa parte del totale.

Avendo levato via il fuoco, e avendo
fatto gettar 10 pinte di acqua fredda nel
bagno, che dee rimaner caldo a segno da
potervi por dentro la mano, si faccia metter la seta sui bastoni, si tuffi nel bagno
e tengasi per 10 minuti all' incirca. Si ri-
passino le matasse 4 volte, poi si spremano nella caldaia sul cavicchio. Facciasi passare sullo stesso bagno della nuova seta
senza nulla aggiungere, e trattisi nel modo
stesso, cominciando dalla trama, e poi si
passi il pelo. Finalmente essendo il bagno
infreddato, facciasi passare l'ordimento che
per l' ordinario non ha da essere tinto che
in grigio-nero.

Essendo tutta la seta passata in questo
primo bagno, si riscaldi di nuovo, e rimet-
tasi il colatoio con altra buona parte di

gom-

gomma, vitriolo, e limatura di ferro.
Quando sarà rinfrescato il bagno, come qui
sopra abbiamo detto, si faccia passare la
seta come nel primo bagno, avvertendo
questa volta di passar prima il pelo, poi
la trama, e sempre l'ordimento l'ultimo,
e ripetasi questa operazione sei volte. Finchè le sete erano bagnate, il nero era una
maraviglia; ma divenne altra cosa essendo
esse asciutte. Fu deliberato di spedire codeste sete nere a Genova, ed ecco cosa il
signor Regni scrisse, 9 novembre 1740.

I tintori genovesi, a cui si è fatto il
rapporto delle operazioni eseguite sopra
queste sete che lor si fecero vedere, han
riscontrato che fu esattamente seguita la
ultima istruzione; ma che il buon esito non
corrispose I. perchè ad ingallar la seta fu
adoperata galla di Levante, ch'è molto più
sostanziosa di quella di Sicilia e di Romagna, di cui si fa uso per l'ordinario a Genova: II. perchè il bagno di nero non acquistò la sua perfezione che una nuova dose
d'ingredienti che lo compongono può sola
dargli; di maniera che nelle nuove e futu-
re operazioni si avrà ad avvertire quanto
alla galla, che bisogna valersi di galla di
Sicilia, o di Romagna; ovvero se si dovesse usar quella di Levante, la quale pure
è buona, di questa non se ne avrebbe a
mettere che un terzo di ℔ per ogni ℔ di
seta, laddove per quella di Romagna, o Sicilia ve ne vuole una mezza ℔. Il tintore
genovese ha riconosciuto la galla adoperata in Francia, da ciò che gli aveva fatto

sa-

sapere il signor Regni, che la seta acquistato avea nel bagno di galla tutto ciò che
aveva perduto del suo peso nella saponata,
mentre che la ℔ di seta da 12 once, che
nella cottura col sapone resta 9 once, non
dee ritornar dopo la galla che alle 11.

Quanto al bagno di nero, non si ha per
perfezionarlo che ad aggiungervi nuova dose di gomma, di limatura, e di vitriolo
(parti eguali d'ognuno di questi ingredienti), badando di ciò fare a piccole dosi,
finchè si riscontri, che la seta abbia acquistato il nero che se le vuol dare; vuolsi
di più avvertire che le piccole dosi delle
droghe debbono essere poste nel bagno
del nero di cui fecesi uso altre volte senza
che vi sia bisogno di farne di nuovo, poichè a misura che il bagno replicatamente
serve, esso acquista la sua perfezione. Il
medesimo tintore genovese avendo tuffato
per sei volte le sete che non erano riusci-
te in Francia nel suo bagno di nero, il nero di esse divenne molto più bello. Il medesimo tintor di Genova ha scritto, che
risolutamente nel bagno non ci deve entrare alcuna altra droga che le surriferite.

In fatti dopo di queste lettere da Genova, i tintori a Tours si sono corretti, e
sono riusciti a formar de' negri bellissimi.
Ecco l'operazione qual si faceva nella fabbrica del signor Hardion.

Per 100 ℔ di seta si fan bollir per un'
ora 20 ℔ di galla di Aleppo, polverizzata,
in sufficiente quantità di acqua. Si lascia
poi riposar il bagno finchè la galla siasi

pre-

precipitata al fondo della caldaia, di dove essa si ritira. Dopo di ciò si pongono 2 ℔ e mezza di vitriol d' Inghilterra, 12 ℔ di limatura di ferro, 20 ℔ di gomma del paese, cioè a dire di prugno, o di ciriegio, che si pongono in una sorte di caldaia a due manichi forata per ogni parte. Sospendesi questo colatoio con bastoni nella caldaia, talchè non se ne vada al fondo. Si lascia sciogliere la gomma per un' ora, dimenandola leggermente di tempo in tempo con un bastone. Se dopo un' ora resta della gomma nel colatoio, segno è che il bagno ne ha preso di essa quanto basta: se al contrario tutta la gomma fosse disciolta, se ne può rimettere da tre, o quattro ℔. Si lascia il colatoio continuamente sospeso, di dove non si leva che per tingere, e poi vi si rimette. In tutte queste preparazioni, la caldaia dev' esser mantenuta calda, ma senza bollire. La galla si dà alla seta con $\frac{1}{7}$ di galla di Aleppo, vi si lascia la seta a principio per 6 ore, e poscia per 12. Il resto secondo i metodi dell' arte.

MA-

MANIPOLAZIONI

PER TINGERE LE PELLI

IN ROSSO E GIALLO,

COME SI COSTUMA IN TURCHIA.

Con regole per la preparazione, e per metter in galla le pelli medesime, comunicate alla Società di Londra per l'incor-
raggimento dell'arti, da un certo Le-
vantino, o Armeno detto signor Filippo.

*Prima preparazione delle pelli per la tin-
tura sì rossa, che gialla ponendole in
calcina.*

Primieramente le pelli rasciutte col loro
pelo si pongano in molle, in acqua chiara
per 3 giorni; poi, essendo ben raschiate
dalla banda della carne, si pongano in acqua
fresca per 2 interi giorni, e si sospendano
in alto per una mezz'ora onde si asciughino. Di bel nuovo si raschino dalla parte
della carne, e vi si ponga calcina fredda
nella medesima parte, e si doppino col pelo al di fuori. Ridotte così, si metteranno in casa dentro una cassa per 5, o 6
giorni finchè il pelo si distacchi; quindi
dev'essere levato via, e le pelli debbono
esser rimesse e rivoltate nella calcina per
3 settimane circa. Allora si leveranno, e

si

si lavoreranno sì dal lato della carne, come da quello del pelo ogni 6, o 7 giorni durante le 3 settimane; e dopo si risciacqueranno 10 volte in acqua chiara, mutando l'acqua ad ogni lavatura.

Altra preparazione delle pelli sì per un colore, che per l'altro.

Dopo avere spremuto l'acqua dalle pelli, si porranno in un miscuglio di crusca, o *semola*, di acqua, o di latte fresco nelle seguenti dosi, cioè 3 ℔ di crusca per 5 pelli, e acqua sufficiente a rendere il miscuglio mezzanamente fluido; il che sarà un gallone per ogni ℔ di crusca (il gallone inglese a un di presso risponde a quattro bottiglie, o pinte). In questo bagno staranvi le pelli per 3 giorni, dopo di che verranno ben lavorate, e si riporranno nel bagno per 2 altri giorni; appresso si leveranno via, si stropiccieranno bene colle mani, si spremerà l'acqua; come anche si leverà via la crusca sì dall'una che dall'altra banda delle pelli. Si risciacqueranno per altre 10 volte in acqua chiara, e vi si spremerà l'acqua.

Ecco tutte le preparazioni necessarie alle pelli sì per essere tinte in rosso, come in giallo; ma per quelle da tingersi in rosso conviene far così.

S 2   Al-

Altro apparecchio delle pelli in miele e crusca innanzi di tingerle rosse.

Si mescoli una ℔ di miele in tre pinte, o bottiglie di acqua tiepida, e si diguazzi il tutto, finchè il miele sia disciolto. Ciò fatto, vi si aggiungano due buone manate di crusca, e pigliando 4 pelli si rivoltino una dopo l'altra assai bene in tal bagno. Dopo si pieghi ognuna di esse separatamente in forma di cilindro, lasciando per di fuori la parte altre volte contigua alla carne, e si pongano in un vaso di terra, se sia di estate una allato dell'altra, e se d'inverno, una sopra l'altra, e il vaso sia messo in declivio; talchè il fluido, il quale spontaneamente esce dalle pelli, se ne possa colar giù. Si desterà un'acida fermentazione nel liquore, e le pelli notabilmente si gonfieranno: in tale stato debbono starsene per 7, o 8 giorni; ma la umidità che uscirà da esse, si spremerà una, o due volte al giorno, secondo che sarà necessario. Ciò eseguito, occorre un'altra preparazione col sal marino, che si farà come qui appresso.

Preparazione col sale per le pelli da tingersi rosse.

Dopo che le pelli han fermentato nel miele misto colla crusca, come già abbiamo detto, si levino via nell'ottavo, o nono giorno, e si stropiccino bene e si maneg-

neggino col sal comune asciutto, alla dose di
mezza ℔ di sale per ogni pelle. Da siffatta
operazione ne seguirà, ch'esse restringeransi
di bel nuovo, e perderanno molta umidità; la
quale si spremerà fuori col trattar separatamente ogni pelle colle mani; poscia si
raschieran sì dall'una che dall'altra banda
per mondarle dalla crusca e dal sale che
vi potesse rimaner attaccato, e dopo si porrà
del sale fresco asciutto dalla parte del pelo,
e vi si stropiccerà bene colle mani. Allora
si piegheranno colla parte della carne al
di fuori per lo lungo, e si spargerà dell'altro sale asciutto sulla parte della carne, e vi
si soffregherà; per le quali due operazioni
una ℔ e ½ di sale sarà bastevole ad
ogni pelle. Esse, così piegate, si porranno
fra due tavole, o asse polite, inclinate pel
lato largo, e vi si sovrapporrà un peso
affinchè si faccia uscire la umidità che potessero aver ritenuta. Seguiranno a starsene
sotto tal pressione per due giorni, o qualche tratto di più, finchè si abbia il comodo di tingerle; al qual uopo esse sono già
ottimamente preparate.

Pre-

Preparazione della tintura rossa in dose adattata a quattro pelli, e come si debba applicarla nel tingerle.

Pongansi in una caldaia di rame 7 once di *Shenan* (1), racchiuse in un sacchetto di tela, o pannolino.

Si faccia fuoco sotto la caldaia, e quando l'acqua avrà bollito un quarto d'ora all'incirca, si tolga via il sacchetto colla predetta droga, e pongansi nel liscivio: I. 2 dramme di allume. II. 2 drame di scorza di melogranato. III. $\frac{1}{4}$ di oncia di curcuma. IV. 3 once di cocciniglia. V. 2 once di zucchero pannone, e tutto ciò si faccia bollire per sei minuti circa nella caldaia.

Si misurino due pinte, o bottiglie di tal liquore, e si mettano in un vaso di terra largo, ed essendo esso liquore tiepido come latte munto di fresco, si pigli una pelle piegata per lo lungo, colla banda del pelo al di fuori, e s'immerga nel liquo-

---

(1) La *Shenan* è una droga comunemente adoperata in Levante nel tingere, e molto facilmente se ne potrà acquistare ne' porti d'Asia, e d'Africa nel Levante. Essa droga è il *Kali geniculatum*, detto da' botanici *Salicornia*, il quale alligna volentieri, e in gran copia, ne' littorali del medesimo Levante. Havvi una specie minore di Salicornia nelle coste di mare in Inghilterra, ma da varie prove che si sono fatte, non corrisponde negli effetti alla salicornia orientale. D'altronde la *Shenan* d'Oriente si potrà ottenere anche a buon mercato da' vascelli turchi, o da altre persone commercianti in Aleppo, o alle Smirne.

quore, strisciandola a pian piano colle mani; poscia levandola di là, sospendasi perchè sgoccioli e se ne vada via la soverchia tintura. La cosa medesima si faccia colle altre tre pelli, ripetendo la stessa operazione sopra ogni pelle separatamente otto vòlte, e prima d'immergerle si spremano colle mani. Si pongan poi in un gran vaso, il quale sia inclinato, onde la umidità se ne vada senza la menoma pressione, e ivi si lascino per 2 ore, o finchè sieno raffreddate; finalmente si mettano in concia come qui appresso.

Maniera per acconciar le pelli rosse.

Si pesteranno 4 ℔ della miglior galla bianca in mortaio di marmo, e si passeranno per setaccio, finchè la galla sia ridotta a polvere fina. Si mescolino con tre quartucci di acqua, e si maneggino bene le pelli in tal mistura per un'ora e più, doppiando esse pelli per 4 volte. Si lascino nella concia per ore 24, e si rimaneggino di bel nuovo come prima; poscia di là levate si raschino pulitamente, dall' una e dall' altra banda, dalle prime galle, e si ripongano in somigliante quantità di nuova galla e di acqua fresca. Nella nuova mistura si rimaneggeranno bene per $\frac{1}{4}$ di ora, poi si ripiegheranno come prima, e si riporranno in galla fresca per tre giorni. Nel quarto giorno si leveranno di là, si laveranno dalla galla in 7, o 8 nuove quantità di acqua, e finalmente si sospenderanno per asciugarsi.

Ma-

Maniera di ridurre le pelli dopo la gallatura.

Quando sieno ben rasciutte, si raschieranno con un buon raschiatoio dalla parte della carne per ridurle a ragionevole grado di grossezza. Appresso si metteranno sopra una liscia tavola, e verran lisciate soffregandole e premendole con vetro del pari liscio. Inoltre vogliono essere unte con olio di olive, e stropicciate; il che farassi con uno straccio di tela, e colla quantità di un'oncia e mezza di olio per ogni quattro pelli; in fine s'ingraniranno sopra una tavola da ingranire e per lo lungo, e per lo largo, e per traverso, da un angolo all'altro.

Preparazione colla galla per le pelli da tingersi in giallo.

Dopo che le quattro pelli saran levate dalla crusca, e mondate come si è detto nell'articolo II, saranno ben maneggiate per mezz'ora e più in un miscuglio di una ℔ e mezza della miglior galla bianca, ridotta in finissima polvere con due quartucci di acqua chiara. Le pelli piegheransi separatamente per lo lungo, e si ridurranno in cilindro colla banda della carne al di fuori; si lasceranno nel miscuglio strettamente premendole le une sopra le altre; nel quale stato si terranno per due interi giorni. Al terzo poi si rimaneggeranno di

bel

bel nuovo nella concia, e si raschieran bene dalla galla con ordigno di avorio, ò di bronzo, ma non mai di ferro; quindi si porranno in nuova concia fatta con 2 ℔ di galla in 3 quartucci di acqua, e si maneggeranno colà entro per 15 volte: poscia si doppieranno a modo di cilindro come prima, e staranno nella concia per 2 giorni. Al terzo dì si piglierà il quarto di una ℔ di sale bianco, si stropiccerà in ogni pelle, e ripiegate le pelli a cilindro, come per l'innanzi, si rimetteranno nella concia di galla per un altro giorno, e allora levate via si laveranno per 6 volte in acqua fredda, e quattro in acqua tiepida. Finalmente l'acqua sarà spremuta, lasciando le pelli sotto un peso di 300 ℔ circa per una mezz'ora fra due tavole, e saran atte così a ricevere la tinta.

Preparazione del giallo occorrente per quattro pelli, e maniera di applicarvelo.

Si mescolino 6 once di *Cassieri gehira* (1) o le bacche del *rhamnus orientalis* con somigliante, o pari quantità di allume, e sie-

_____

(1) Il *Cassieri gehira* sono le bacche del ranno, e si possono avere in Aleppo, o altra parte di Levante a buon mercato. Vi si possono sostituire le bacche comuni di Avignone, o le bacche gialle; ma non fanno tanto buon effetto come il predetto *Cassieri*, ec. che somministra tinta gialla più forte e lucida, non solamente per le pelli, ma eziandio ancora per le carte da tappezzeria, e per altre cose.

sieno piste e ridotte a finezza in mortaio di bronzo, con pistello del medesimo metallo.

Allora dividendo i materiali così polverizzati in tre eguali parti, di 4 once ognuna, se ne ponga una di esse parti in una pinta e mezza circa di acqua calda in vaso di terra, o di porcellana, e la mistura sia ben rimescolata.

Il bollente fluido si raffreddi per modo da non poter scottare la mano, e allora pongasi una delle pelli sopra una tavola in una stanza calda, colla parte del pelo al disopra, e si versi una quarta parte della tinta preparata, come dicemmo, sulla parte superior della pelle, spargendovela egualmente colla palma della mano, e strisciandovela sopra.

Tal operazione deve replicarsi altre due volte separatamente per ogni pelle colle altre 8 once restanti di polvere di bacche e di allume, servendosi delle dosi già mentovate di acqua calda.

Le pelli, quando sieno tinte, debbono essere sospese, senza essere ripiegate colla parte del pelo al di fuori per $\frac{1}{4}$ di ora onde si asciughino; poi saranno portate a un fiume, o ruscello di acqua, e colà ben annacquate 6 volte, e più. Alla fine saran poste sotto un peso per un'ora circa, finchè l'acqua sia spremuta fuori, e poi si porranno in una stanza calda.

Ciò eseguito, esse pelli debbono esser acconciate e granite come abbiamo acennato per le rosse, eccettochè non debbono essere punto inoliate, o unte.

F I N E.

INDICE

DELLE MATERIE NOTABILI.

Cle-

Ma-

del-

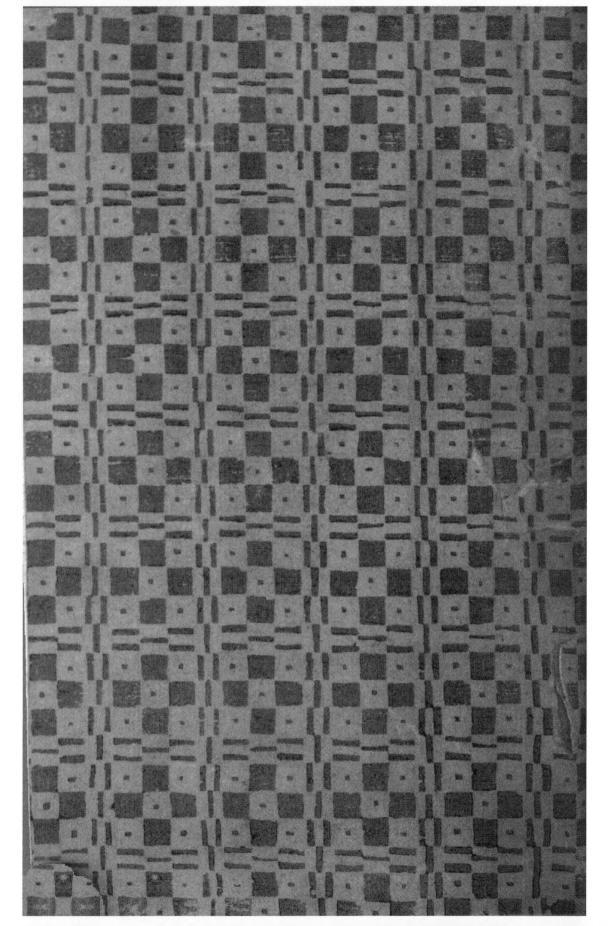

Lightning Source UK Ltd.
Milton Keynes UK
UKHW05f2008020518
322020UK00008B/597/P